INVENTAIRE
V 22698
(105)

AF554560

V

INSTRUCTION DE L'INFANTERIE

DANS LE

SERVICE EN CAMPAGNE

962 — Paris, imp. A. Dutemple, 7, rue des Canettes.

PUBLICATION DE LA RÉUNION DES OFFICIERS

INSTRUCTION DE L'INFANTERIE

DANS LE

SERVICE EN CAMPAGNE

PAR

BORELLI DE SERRES

CAPITAINE ADJUDANT-MAJOR AU 69e DE LIGNE

PARIS

CH. TANERA, ÉDITEUR

LIBRAIRIE POUR L'ART MILITAIRE ET LES SCIENCES

Rue de Savoie, 6

—

1873

INSTRUCTION DE L'INFANTERIE

DANS LE

SERVICE EN CAMPAGNE

« Après le sacrifice de tant de consuls, de tant de généraux, de tant d'armées, les Romains ne parvinrent à ressaisir la victoire qu'en acquérant la connaissance, trop négligée, des véritables exercices militaires. » (Végèce, I, XVIII.)

« On a bien battu avant d'être imité : Molwitz, Czastaw, Trautenau, Strigaw, Lowositz, Prague, Rosbach, Lissa, Zorndorf, Lignitz et Torgau en sont la preuve. »
(Prince de Ligne, *Fantaisies militaires*, p. 47.)

« Que m'importent l'exercice et la parade, et qu'ont-ils de commun avec la guerre? »
(Gouvion Saint-Cyr, *Mémoires*, I, p. 16.)

Il y a quelques années on aurait fort étonné la plupart des militaires, en France et dans presque toute l'Europe, en proposant de donner — en vue du service en campagne — pendant la paix, — aux soldats d'infanterie et à leurs chefs, — une instruction méthodique appropriée aux nécessités de la guerre. Les idées qu'expriment ces mots, lorsqu'on en approfondit la signification, auraient été rejetées sans examen. Mieux leur véritable sens aurait été compris, plus les procédés d'instruction et les détails d'organisation qui en sont la conséquence inévitable, auraient été regardés comme des innovations inutiles, impraticables, funestes, comme une atteinte grave au système général d'instruction déterminé par les règlements. On déclarait se contenter de ce que le séjour dans les camps pouvait, de temps à autre, apprendre à la troupe, et des connaissances que les officiers devaient retirer de leurs études particulières, ou les soldats, de la pratique de la guerre.

Aujourd'hui cette question est tout autrement comprise dans les armées étrangères; elle a amené une transformation radicale de leurs règlements et de toutes les parties de l'organisation qui la concernent. En France même elle excite un vif intérêt. L'accord est fait, en général, sur la nécessité de réformer, de compléter l'ancienne méthode d'instruction, s'il est possible de donner ce nom aux procédés qui ont suffi pendant longtemps ; des tentatives se produisent çà et là pour surmonter les résistances qu'opposent des habitudes invétérées, pour vaincre les obstacles que crée une organisation bonne pour une autre époque ; mais une solution prochaine ne se laisse pas encore entrevoir. En attendant que des règlements formels viennent favoriser des efforts isolés jusqu'ici, et communiquer l'impulsion et la direction que désire l'armée, on ne saurait trop étudier cette question : l'instruction de l'infanterie dans le service en campagne. Nous voudrions ici chercher quels sont les principes et les procédés de la méthode qui lui convient, découvrir pour quelles raisons une branche si importante de l'éducation militaire a été complétement négligée, et enfin indiquer comment elle peut se développer autant que le réclament les nécessités actuelles.

Que l'on nous permette de suppléer à l'autorité qui nous manque par des citations nombreuses. Certaines convenances s'opposent à ce que nous en nommions toujours les auteurs, mais sans grand inconvénient ; tout le monde a pu entendre souvent exposer, affirmer les idées que nous voulons combattre en les reproduisant.

Le service en campagne comprend les dispositions générales qui se rapportent à l'organisation d'une armée, le service journalier, les camps et cantonnements, le détail des formations de marche, du service de sûreté et de celui de découverte, les diverses opérations de la petite guerre et l'exécution, dans les combats et les siéges, d'idées tactiques qui appartiennent par elles-mêmes à une instruction d'ordre supérieur. Toutes ces questions sont traitées dans notre ordonnance du 3 mai 1832 ; mais dans cette œuvre justement admirée combien de détails sont maintenant en opposition avec la pratique constante ! combien surtout sont omis ou sous-entendus ! Que de dangers présente cette confusion entre des matières dont les unes doivent être réglementées, dont les autres ne peuvent être le sujet que d'une instruction !

L'ordonnance, telle que nous la suivons, suppose que les individus et les petites unités tactiques possèdent déjà une instruction préparatoire qui est indispensable pour ce genre d'opérations désignées autrefois sous le nom de *petite guerre*, et qui se confond de nos jours en bien des points avec l'instruction des troupes pour le combat. En effet, exécutera-t-on convenablement le service en campagne si l'on ne sait pas s'orienter, reconnaître et employer les divers terrains, formuler et transmettre les ordres et les rapports, recueillir et contrôler les indices et renseignements, interroger les prisonniers et tirer parti des otages, lever les réquisitions, se répartir dans les cantonnements et se reformer au premier signal, se mouvoir et combattre en ordre dispersé dans tous les cas de l'offensive et de la défensive, etc. ? Il est impossible de s'en tenir absolument, pour régler sa conduite en maintes circonstances, aux principes et aux formules réglementaires et à l'habitude de n'agir qu'en masse. Encore faut il avoir appris à appliquer ces principes, à comprendre le sens de ces formules pour les modifier au besoin, et à se dégager, quand on ne peut faire autrement, des règles ordinaires fixées à l'action d'ensemble.

Sur cette partie de l'instruction, les règlements sont restés muets. Ce n'est pas qu'ils en aient méconnu l'importance, mais ils n'en ont pas voulu traiter ; elle était en dehors de leur cadre ; elle pouvait rompre leur unité, l'un de leurs principaux mérites; ils en ont simplement recommandé l'étude.

Or l'officier qui veut s'instruire et instruire sa troupe dans tous les détails des petites opérations, n'a, il est vrai, que l'embarras du choix entre tous les traités dogmatiques où il peut les voir décrits et commentés. Les ordonnances, Feuquières, Puységur, Turpin de Crissé, Frédéric, Duhesme, La Roche-Aymon, de Brack, Bugeaud, Préval, Savoye, Decker et tant d'autres, sont pour lui d'un inappréciable intérêt. Mais ces auteurs ne lui révèlent nullement les moyens de transmettre à sa troupe les connaissances qu'ils lui fournissent et de s'assurer ainsi d'utiles auxiliaires. C'est déjà une question de savoir si des traités de tactique peuvent former l'officier par l'étude de cabinet ; de quelle utilité peuvent-ils être pour ses inférieurs ? Ils disent ce qu'une troupe doit faire en campagne ; nulle part ils n'enseignent où, quand et comment elle peut se préparer à l'exécuter.

Ce n'est donc pas assez que de prescrire vaguement des exercices sur le service en campagne ; il faut les imposer aussi formellement que les diverses écoles, et prendre les moyens convenables pour en obtenir des résultats sérieux. Il faut avant tout, de crainte de s'égarer, combiner le but et les procédés de cette instruction avec les circonstances dans lesquelles elle peut être donnée, les qualités propres aux sujets à instruire, enfin les leçons des maîtres dans l'art militaire et celles de l'expérience, afin d'en déduire une *méthode*, une « manière de faire et de dire avec un certain ordre et suivant certains principes (1). » Si l'on se garde d'en faire un règlement, de vouloir, dans le détail, « tout *teorizzare*, c'est-à-dire de vouloir tout réduire à des principes absolus, tout assujettir à des règles fixes (2), » cette méthode, grâce à des applications fréquentes et variées, pourra permettre à l'infanterie de ne pas attendre les redoutables enseignements de la guerre. Elle nous manque d'autant plus que presque tous les règlements étrangers, faisant un immense progrès, viennent de combler la lacune qu'ils présentaient sur ce point.

L'idée de consacrer à cette instruction des exercices spéciaux se laisse facilement accepter en principe ; il n'en est pas de même de la seule méthode qui leur soit applicable, de la seule qui leur soit profitable. Aussi les meilleures intentions peuvent-elles rester sans effet. Pourtant cette méthode n'a rien de nouveau, quoiqu'elle passe pour une importation étrangère. Elle est imposée par la nature même du sujet ; elle n'est pas autre que celle qui a formé de tous temps les troupes par l'habitude la guerre ; du moins elle en diffère seulement par ce fait, que ses résultats se font péniblement rechercher au milieu de circonstances produites et variées à dessein, au lieu de naître presque spontanément en présence de nécessités rigoureuses.

Deux principes résument cette méthode. Inscrits dans chaque disposition des règlements étrangers, proclamés à chaque page de leurs commentaires, ils paraissent bien être la conséquence naturelle des conditions actuelles de la guerre, conditions qui, en outre, permettent moins que jamais de les séparer l'un de l'autre.

(1) Académie.
(2) Règlement italien du 15 mai 1872 ; tr. Lémoine, p. 26.

Ils peuvent se formuler ainsi :

1° L'instruction doit avoir un but et employer des procédés essentiellement pratiques;

2° Elle doit prendre à tâche d'obtenir le succès de l'ensemble en assurant l'action individuelle, et s'adresser pour cela à l'individu lui-même (1).

Il faut que l'on s'explique bien ces deux principes. Tout malentendu les ferait repousser, peut-être avec raison ; toute fausse interprétation pourrait vicier la méthode et ses résultats.

Il est évident que dans tous les temps et dans tous les pays l'instruction militaire a eu un but pratique : la guerre. Tout règlement, tout traité de tactique contient formellement ou en substance cette vérité naïve : « Tous les exercices militaires sont destinés à former et à préparer les soldats et les chefs de tous grades à l'accomplissement de leur tâche (2). » Il semble puéril d'ajouter : « Tous les exercices doivent avoir la guerre pour but. » Mais, suivant l'époque et la nation que l'on considère, ce but peut paraître plus ou moins éloigné; souvent les voies qui y conduisent sont bien détournées. S'est-on, en effet, toujours conformé à cette idée que l'instruction doit rejeter tout procédé qui s'écarte de la réalité des faits de guerre ou de la réalité des circonstances dans lesquelles il s'emploie? A-t-on décidément renoncé à tout exercice « dont la forme ne reproduit pas autant que possible ce qui se passe à la guerre, » dont l'usage ne peut « suppléer à la pratique de la guerre (3), » dont le mécanisme ne paraît pas simple, l'utilité sensible à tous et immé-

(1) Voir *Guido per l'ammaestramento della fanteria*, p. 5, et *Ausbildung eines Infanterie bataillons*. Below, Vorwort.

(2) Règlement prussien du 17 juin 1870; tr. 2e bureau de l'état-major général, p. 3.

(3) Idem.

diate? A-t-on toujours appliqué les manœuvres au terrain et à des événements supposés, mais connus de la troupe, de manière que celle-ci voie l'ennemi, qu'elle devine au moins sa présence, qu'elle comprenne tous les ordres et se rende compte de ses propres mouvements? Cependant, à ces conditions seulement, « la paix peut être une répétition ou un exercice de la guerre (1), » de telle sorte qu'après une longue période de calme, les officiers et les soldats aient l'expérience, l'habitude du service en campagne.

La méthode pratique recherchera ces avantages. Grâce à une éducation préparatoire ou simultanée, aussi complète que possible, dans laquelle, si l'on veut, les procédés théoriques pourront trouver leur place, on disposera, puisqu'on y tient, d'une machine prête à agir dans toute direction, à céder à toute impulsion ; mais on lui fera faire ses expériences; on se gardera de la laisser, sous prétexte de n'en pas compromettre le jeu, se rouiller ou s'user par un travail sans effet utile ; on lui rendra la vie, l'intelligence et une initiative qu'on exercera sans cesse, afin de la pouvoir régler.

Dans ce but, on emploiera aussi peu que possible les formes et les règles abstraites, qui perdent trop facilement tout sens pratique ou qui, imparfaitement comprises, aboutissent à de grossières erreurs et tout au moins à l'inaction ; on repoussera des conventions qui absorbent et détournent l'attention, qui, souvent peu utiles ou trop hypothétiques, « dégoûtent le soldat, parce qu'il n'aperçoit qu'une formule là où tout autre instructeur saurait lui faire reconnaître un fait (2). » Il en est pourtant quelques-unes d'indispensables, qui peuvent embrasser tous les cas et qui se lient à certaines idées générales très-simples sur le rôle des avant-postes, des flanqueurs,

(1) La Roche-Aymon; *Des troupes légères.*
(2) De Brack; *Avant-postes*, p. 28.

des reconnaissances, ou celui des diverses fractions d'une troupe dans le combat, sur la discipline du feu, etc., etc. Elles composeront un enseignement théorique tel que les vérités qu'il exprime, facilement comprises, puissent devenir des règles de conduite instinctives. Ainsi restreint, cet enseignement n'aura plus d'inconvénients, à la condition qu'il soit dosé suivant le grade et suivant la portée des esprits qui le recevront, qu'il s'appuie immédiatement sur des exercices pratiques, et qu'il soit donné par les officiers au lieu d'être seulement surveillé par eux.

Mais cette exception ne doit pas s'étendre. Quand on en viendra aux applications de ces notions fondamentales, il sera nécessaire de frapper l'œil, l'oreille de l'élève par des réalités dont le souvenir s'impose à son esprit, le plus souvent peu disposé à recevoir des impressions abstraites. Ce qu'on a dit à propos des spéculations les plus élevées se vérifiera pour les intelligences les plus simples : « Dates, lieux, événements, tout contiendra des idées pour qui apprendra à les reconnaître; rien ne sera indifférent, parce que rien ne sera arbitraire (1). » On se rapprochera des conditions de la guerre; on exécutera le service en campagne dans ses plus minutieux détails, en brûlant le plus possible de cartouches à poudre, en changeant fréquemment le théâtre des exercices, sur le terrain naturel, en toutes saisons, de jour et de nuit, par fractions proportionnées au but supposé. On manœuvrera en vue d'une idée bien arrêtée et, en totalité ou en partie, communiquée à tous. On représentera ou l'on marquera l'ennemi; sinon, on se bornera aux dispositions préparatoires ou consécutives à l'idée adoptée. La force et les projets de l'adversaire resteront secrets; ses mouvements, utilisés pour perfectionner l'instruction des anciens soldats,

(1) Cousin; *Fragments de philosophie ancienne*, p. 12.

seront d'abord dirigés par l'instructeur, qui prendra ainsi tout le temps d'en expliquer aux recrues le sens et les conséquences; puis ils seront libres et imprévus. On s'attachera à ne jamais donner une idée fausse, à ne pas mêler le service de campagne à celui de garnison, à ne pas s'écarter du mode d'action qu'indique l'expérience de la guerre moderne. L'instructeur ne se lassera pas d'enseigner; mais ses préceptes seront exclusivement pratiques; ses démonstrations reposeront toujours sur des faits matériels. Il fera toucher du doigt chaque détail de chaque mouvement, à chaque moment, ne cessant d'expliquer que pour surveiller, puis critiquer. Enfin les inspections porteront sur les résultats pratiques de l'instruction et non sur des théories ou des exercices qui doivent être uniquement préparatoires (1).

Dès qu'on recherche une exacte représentation de la guerre, on ne peut plus se borner à demander l'exécution machinale d'un commandement, l'obéissance passive à un ordre détaillé pour des cas déterminés, l'application littérale d'un règlement appris par cœur. Il faut pouvoir compter sur une certaine dose d'initiative intelligente (2), qui a besoin d'être tantôt éclairée, tantôt excitée ou tantôt modérée. Les apparences trompeuses disparaissent et laissent apercevoir les résultats effectifs, qu'on peut seulement obtenir en s'occupant moins des masses que des individus. La nécessité du premier principe, l'instruction pratique, entraîne celle du second, l'instruction individuelle.

En général, toute la vie du soldat doit tendre à fortifier

(1) « Autres revues, autre instruction. » Boguslawski; *Ausbildung und Besichtigung.*

(2) « On mettra dès le premier jour de l'exercice l'école du soldat dans les mains de l'homme de recrue, afin qu'il sache ce qu'on exige de lui et pourquoi on l'exige. » Charles XV; *Considérations sur l'infanterie*, p. 47.

son intelligence et ses qualités morales comme ses moyens physiques. Elle sera un auxiliaire puissant pour son instruction dans le service en campagne, service dont, en particulier, « l'intelligence et la réflexion sont la base (1). » Mais cette préparation indirecte est insuffisante si l'on ne descend pas ensuite dans tous les détails d'une instruction spéciale, qui doit être achevée avant que commencent les grandes manœuvres, moment où d'autres soins pourraient la faire négliger.

L'instructeur mettra donc chacun en état d'exposer et de raisonner sa conduite dans les différents cas. Il ne donnera, de même qu'il est nécessaire à la guerre, que le moins possible de prescriptions formelles; elles disposent trop souvent à oublier le but pour la forme; elles limitent à leur stricte exécution le degré d'une responsabilité dont on se décharge à la hâte, sans s'occuper de savoir si des événements imprévus ne les rendent pas préjudiciables au service. Il procédera du simple au composé, du facile au difficile, et suivra une progression qui conduise insensiblement au dernier terme de l'instruction en passant, pour chaque exercice, par 1° l'enseignement théorique; 2° le mécanisme; 3° l'emploi du terrain; 4° le mouvement en présence de l'ennemi.

Après avoir fixé à l'*élève* le but qu'il doit atteindre, après lui avoir fait remarquer les conditions dans lesquelles il se trouve, l'instructeur cherchera à faire éclore les principes dans son esprit, grâce à l'évidence de leur nécessité. Il l'habituera peu à peu à choisir les moyens d'exécution sans s'écarter d'un problème tactique nettement défini, à observer et à agir de lui-même dans le cercle des attributions de son grade et de celles du grade supérieur, avec une latitude plus grande à mesure que ces grades s'élèvent, à appliquer les

(1) Campe; *Ausbildung der Compagnie*, p. 135.

préceptes théoriques ou, suivant le cas, à les modifier en connaissance de cause. Il parlera sans cesse à l'élève, tantôt spectateur et tantôt acteur, double rôle essentiel pour bien montrer quel est le caractère de la méthode. Il observera, il jugera, il distribuera le blâme et l'éloge en présence de tous; il provoquera les questions, il repoussera les demandes qui trahiraient un défaut d'initiative; il insistera sur les motifs de toute dérogation aux règlements; il montrera comment chacun des cas particuliers se rattache aux prescriptions générales. Il renouvellera ses explications jusqu'à ce que le principe démontré, cessant d'être une vaine formule, reçoive une application juste, même si les circonstances viennent à changer.

Avant tout, l'instructeur se pénétrera de l'importance et de l'esprit de la méthode; il faut qu'il comprenne bien, afin qu'il puisse faire comprendre. Pour qu'il soutienne l'intérêt et l'attention, développe le jugement, augmente l'initiative et excite chez les autres la confiance en soi-même, il faut qu'il ait su acquérir ces qualités au plus haut degré.

L'instruction de la troupe sera forcément confiée au capitaine, seul tenu de connaître individuellement tous les hommes de sa compagnie. Il en gardera avec lui le plus grand nombre possible et les instruira directement; pour les autres, s'il y a lieu, il se fera seconder par ses officiers; il ne comptera sur les sous-officiers que pour corriger de simples erreurs de fait. Il jouira, pour organiser et diriger ces exercices, d'une grande liberté, dont une responsabilité effective et un nouveau mode de surveillance seront la garantie et au besoin le correctif.

A ces conditions, que d'avantages n'obtiendra-t-on pas ? Il n'y aura pas d'exercice où l'instructeur ne puisse apprendre en même temps qu'il enseignera, et cela sans bien des difficultés de temps, de lieux, qui entravent l'instruction donnée trop uniformément à une troupe nombreuse. Affranchi de prescriptions invariables, qui ne peuvent convenir ni à toutes les circonstances, ni à tous les élèves, ni à tous les instructeurs, chaque commandant de compagnie pourra, sans s'écarter de la méthode générale, choisir ses procédés et les varier d'après ses études, son expérience et les exemples qu'il aura eus sous les yeux, d'après ses aptitudes et celles de ses élèves (1). Ainsi chacun acquerra « une idée exacte et non pas seulement théorique (2) » de tout le service en campagne; chacun apprendra à s'orienter, à recueillir sur l'ennemi et sur le terrain les observations utiles, à distinguer ce qui est certain de ce qui est probable ou vraisemblable et à en faire clairement le rapport. La troupe, dans son ensemble, par des exercices spéciaux à chaque classe de chefs, se rompra à tous les détails des services de sûreté et de découverte; elle étudiera un système d'avant-postes différent de cette chaîne continue depuis longtemps insuffisante (3); elle verra la manière de se comporter dans les diverses opérations de la petite guerre, depuis les dispositions préliminaires jusqu'à la période décisive, de trouver par elle-même les positions défensives les plus favorables et les meilleurs points d'attaque, de conserver toujours la liaison avec les troupes voisines, de ne pas s'engager hors de propos, tout en inquiétant, en contenant, en retardant l'ennemi; de garder et de retrouver le contact, de se rassembler en partant de points éloignés, de se porter en ligne et d'entrer dans la lutte, de passer des dispositions de campement ou de marche à celles de combat, de poursuite et de retraite, etc., etc. Tout étant compris par tous et exécuté par chaque unité, la troupe se trouvera prête à s'employer, même en grandes masses, comme il convient

(1) Voir Campe; *Ausbildung der Compagnie*, Vorwort.
(2) Règlement prussien du 17 juin 1870, p. 19.
(3) Voir Bugeaud.

aujourd'hui ; ses chefs n'auront plus, immense avantage que les Prussiens ont apprécié dès 1866 (1), qu'à lui crier en toute occasion : Comme à la manœuvre !

Quant à son but, ses principes, ses moyens, la nouvelle méthode peut donc se caractériser par ces mots : pratique et individualisme. Il n'en faut pas plus pour lui attirer le reproche de demander l'impossible, de mener à la désorganisation. Mais, bien au contraire, elle prétend ne pas dépasser l'utilité réelle, et elle vise à assurer l'action d'ensemble, ce que n'obtient pas, ce que n'a peut-être jamais obtenu la méthode en usage. Par sa nature même elle ne peut se pousser jusqu'à l'absolu, et en ce moment, pour perfectionner l'instruction générale en augmentant la valeur de chaque individualité, elle tend seulement à introduire progressivement et prudemment dans notre système de règlements certaines modifications dont le sens bien défini ne peut prêter à de fausses interprétations.

Aussi, lorsque l'on considère isolément le sujet qui nous occupe, l'accord doit-il être unanime sur les avantages de la méthode pratique et individuelle. Pourquoi procéder par abstraction ? pourquoi exclure de la seule instruction tactique l'expérience, dont partout ailleurs on reconnaît les avantages, dans les métiers, dans les arts comme dans les sciences ? A la guerre l'instruction mécanique ou l'instruction supérieure servent moins que le caractère et le jugement ; ceux-ci se forment mieux en quelques semaines de campagne que par le travail le plus prolongé et le plus assidu (2) : pourquoi donc ne pas se rapprocher de cette méthode qui donne des résultats si rapides ?

(1) Below ; *Ausbildung des Infanterie bataillons*, p. 43.

(2) Les Allemands ont été étonnés de voir nos armées levées irrégulièrement pratiquer le service en campagne mieux que nous ne l'avions fait au début de la guerre.

Dans les autres parties du service, on se heurterait, quelles que soient les exigences de notre époque (1), à bien des préjugés, bien des répugnances, bien des habitudes invétérées. Notre méthode générale d'instruction est une préparation toute théorique. Ses partisans le reconnaissent, le proclament; ils osent encore soutenir que, sauf à *se débrouiller* en campagne, « l'essentiel est, jusqu'à ce moment, d'assurer chez tous des sentiments d'ordre, de régularité, d'obéissance passive, par la force de l'habitude et à l'aide de formes dont le sens reste caché aux esprits vulgaires. » Tout au plus font-ils, depuis peu, une concession : ils consentiraient à communiquer à l'individu, au lieu de l'inertie de la matière, l'activité réglée, mais toujours instinctive et non pas intelligente de l'animal domestique; ils ne veulent pas aller au delà du *dressage*, mot qu'ils ont plaisir à emprunter aux Allemands sans le comprendre comme eux. Ils ne peuvent nier que « de pures machines, telles parfaites qu'elles soient, ne deviennent inutiles dès que l'ordre de leur action se dérange, que leur mouvement ne s'arrête dès qu'un cas imprévu se présente (2); » ils pourraient aussi bien se demander ce que devient le cheval le mieux dressé lorsque les aides ne se font pas convenablement sentir ou qu'une cause extérieure plus puissante en contrarie l'effort. Pensent-ils que le chef et le soldat reprendront toujours et exerceront dans une juste mesure cet individualisme qu'ils ont brisé au lieu de le façonner, qui est indispensable aujourd'hui pour l'action, qui l'a toujours été pour le sacrifice? Croient-ils que sans hésitation, sans étonnement, sans erreurs, une activité libre et soudaine se substituera à un rôle habituellement passif, précisément au milieu de circonstances toutes nou-

(1) Voir Lewal; *Réforme de l'armée*, p. 521.
(2) De Brack; *Avant-postes*, p. 15.

velles, qui ne la laissent que difficilement surveiller et contenir ?

Dans le système contraire « on s'efforcerait de former l'individualisme, pour mieux faire connaître à l'individu l'importance de son action personnelle (1) » et pour l'amener plus sûrement à la renfermer dans de justes limites ; « on mettrait à profit toutes ses ressources et on les réglerait de manière à en tirer le meilleur parti possible dans l'ensemble ; on ne chercherait pas à les détruire, de crainte de se priver fatalement d'un élément de force très-précieux (2), » de cet élément qui consiste, dit Machiavel, « dans le plus grand nombre possible d'impulsions individuelles. » En outre, on servirait un intérêt important, mais moins direct, que nous ne ferons qu'indiquer : on augmenterait les droits de l'état militaire à la considération, moyen de compenser l'inégalité des conditions matérielles qu'il comporte, si on les compare à celles qui se rencontrent dans les positions civiles (3).

Pour en revenir au service en campagne, ne faut-il pas reconnaître que les chefs de petites fractions et les soldats eux-mêmes s'y trouvent sans cesse dans l'obligation d'agir d'initiative et avec indépendance ? Là, plus que partout ailleurs, au supérieur incombe la responsabilité de l'ordre donné, à l'inférieur, celle de l'exécution ; là, « on doit exiger de chacun la pensée et l'action (4) ; » là, chez tous « la réflexion la plus soutenue doit marcher d'accord avec l'action (5). » En pareille matière, on peut se refuser à donner l'instruction convenable, mais on n'en peut donner une qui lui soit contraire. C'est déjà beaucoup, et il semble, pour cette

(1) *The Soldier's Pocket Book*, 1871, p. 4.
(2) Rapport du général Ducrot en 1868.
(3) Voir l'*Esprit militaire* ; général Lamarque, 1826, p. 24.
(4) Charles XV ; *Considérations sur l'infanterie*.
(5) De Brack ; *Avant-postes*, p.

raison, difficile de croire que l'on veuille persévérer dans la voie tracée, c'est-à-dire ne faire à peu près rien.

Tout au moins pourrait-on faire plus de fond sur les aptitudes si variées de l'instructeur et des élèves. Que l'on conserve l'éducation théorique, mais que l'on y joigne, comme complément indispensable, l'instruction pratique et individuelle, d'abord progressivement, si l'on veut, à certains moments et sur certains points seulement. Que l'on poursuive un double idéal : l'homme-machine et l'homme intelligent et actif sont deux types qui doivent se réunir pour donner le véritable soldat. Les deux méthodes, alternativement employées, se soutiendraient, loin de se nuire ; elles donneraient le moyen tantôt de diriger et de contenir l'individualisme, tantôt de contrôler les résultats toujours incertains de l'éducation théorique et de développer les qualités qu'elle ne peut donner : aptitude pour les exercices du corps, pour le tir et l'appréciation des distances, pour l'emploi du terrain et la mise à profit des circonstances favorables, agilité et adresse, finesse de vue, d'oreille et d'esprit, coup d'œil rapide, jugement droit, esprit de conduite, initiative intelligente, sang-froid, décision, persévérance, sentiment vrai de la discipline, conscience de la situation de l'individu dans la troupe et de la relation qui l'unit à son chef et à ses voisins, sans que le tact des coudes en soit la condition. Toutes ces qualités essentiellement personnelles, sans parler de qualités morales encore plus élevées, permettent à l'individu, quel que soit son rang, de penser, de se mouvoir, de combattre par lui-même au profit de tous. Leur absence est trop souvent cachée par la belle apparence de l'ensemble, et se révèle subitement lorsque celui-ci se dissout, désaggrégé par le feu, lorsque pour chacune de ses parties, forcément remise de nos jours en possession d'elle-même, le moment est venu d'agir et de se sacrifier. Il est trop tard alors pour qu'on y porte remède.

Pourquoi donc les deux principes que nous avons posés ont-ils été négligés jusqu'ici ?

Une première raison est qu'ils pouvaient paraître autrefois moins féconds qu'ils ne le seraient aujourd'hui (1). La méthode d'instruction est évidemment variable avec les éléments dont se composent les armées, avec les moyens d'action, avec les conditions de la guerre. Or tout le monde à peu près admet que les armées ont changé de caractère, que la tactique ne peut plus rester ce qu'elle était au siècle passé, que les troupes doivent être constamment prêtes à entrer en campagne du jour au lendemain, que l'ancien esprit militaire est, par suite de la réduction du temps de service, sacrifié à la nécessité du nombre. Il serait étonnant que des moyens convenables dans d'autres temps se trouvassent appropriés à ces conditions nouvelles.

Mais cette explication ne peut nous contenter, car il y a longtemps, bien longtemps, que se fait sentir, quoique avec moins d'urgence, la nécessité de nouveaux procédés dans l'instruction. Une autre raison a exercé d'autant plus d'influence qu'elle agissait plus secrètement. Parmi les officiers qui ne repoussaient pas de prime abord les vrais principes, parmi ceux même qui les proclamaient, beaucoup ne voulaient pas entendre parler de leurs conséquences. Ils avaient été élevés par les institutions en vigueur ; leur esprit en avait reçu le cachet particulier et ne pouvait, sans un trop grand effort, dévier de sa direction première. Pour appliquer les idées dont ils percevaient la notion la plus certaine, ils avaient à renier leur passé, à lutter contre eux-mêmes, à réfuter les arguments que fournissait leur propre gloire. Surtout ils auraient craint d'ébranler tout le système. Et en effet, déroger pour une partie seulement de l'instruction à l'esprit de

(1) Voir *Abrichtung Reglement* (autrichien), 191.

prescriptions qui répondaient à peu près aux nécessités militaires, pouvait présenter des inconvénients sans compensation suffisante, alors surtout que la troupe avait le temps de se former complétement pendant les premières opérations, avant d'en arriver à la période décisive de la guerre.

C'est donc, croyons-nous, au système général de l'éducation et de l'instruction militaires qu'il faut réellement attribuer l'absence de préparation pour le service en campagne et le silence presque complet de nos règlements sur ce point; nous voudrions faire bien ressortir son action fâcheuse, au moins dans cette partie du service.

Et d'abord que se passe-t-il là où domine le système contraire?

Les Prussiens (il faut bien prendre les exemples là où ils se rencontrent) ont, comme on sait, résolûment adopté la méthode dont nous avons parlé. Ils recherchent et étendent autant que possible les deux principes qui la caractérisent. Ils font dans leur emploi du temps la plus large part aux exercices de service en campagne, et ils y emploient des procédés exclusivement pratiques. D'un autre côté, ils affirment que « l'aptitude de la troupe repose sur l'instruction de l'individu, » que « une instruction apparente obtenue à force d'exercices ne peut suffire dans les circonstances critiques (1). » Ils insistent sur la manière de concevoir les manœuvres de paix et imposent au soldat lui-même le devoir de « bien comprendre pourquoi l'on demande de lui telle ou telle chose (2). »

L'instruction du 18 juin 1868, l'ordonnance du 29 juin 1861, toutes les instructions particulières sont conçues dans le

(1) Règlement sur le service en campagne du 17 juin 1870, I, 9.
(2) Règlement sur le service en campagne du 17 juin 1870, I, 11.

même esprit. Toutes tendent à développer par la pratique les qualités propres de l'individu et son initiative, les regardant, pour l'ensemble même, comme des conditions indispensables de force et de discipline. Toutes combattent ce préjugé ancien que signale le règlement du 3 août 1870, en s'appuyant sur celui du 25 février 1847, et qui consiste à « vouloir contre toute raison faire passer la forme avant le fond. »

Ces idées prennent surtout une extension considérable dans les nombreux commentaires des règlements et, en général, dans la littérature militaire. Parmi tous les ouvrages qui traitent de la tactique, de l'organisation, de l'instruction, on n'en trouverait pas un qui n'insiste sur la nécessité de substituer la culture de l'intelligence et du caractère à l'ancien système de méticuleuse pédanterie. Tous demandent qu'une instruction préparatoire suffisante permette à l'instruction professionnelle de s'élever au-dessus du niveau ordinaire ; aucun ne sépare de l'instruction tactique l'éducation morale et intellectuelle, non pas celle qui peut résulter à la longue d'une dure contrainte, mais celle qu'améliorent ou produisent rapidement des soins méthodiques et assidus. A chaque page ils mentionnent, vantent, excitent ces qualités tout individuelles qui, loin d'exclure une obéissance entière, en assurent le bon effet ; ils donnent la mesure de la valeur qu'ils leur attribuent par l'importance exceptionnelle qu'ils ont laissé prendre dans la langue militaire aux mots nouveaux composés avec *selbst* (de soi-même).

Les résultats espérés ne sont pas entièrement acquis ; mais ce qui a pu être obtenu passe pour la cause des succès récents, et ce qui reste à faire pour la condition essentielle de victoires futures. Comme s'il obéissait à un mot d'ordre, chaque écrivain, partant de ce principe que « sans la connaissance de soi-même toute amélioration est impossible, » scrute tous les détails de l'organisation librement, mais sans autre pensée que celle de travailler pour le bien de l'armée en l'éclairant sur ses défauts (1). Chacun signale et poursuit, partout où il les rencontre, les obstacles, les résistances, les défaillances que la mollesse et la routine laissent encore subsister. Chacun, attribuant les inconvénients signalés non à des mesures d'une nécessité indiscutable, mais à une préparation insuffisante, excite à plus d'activité ceux dont la charge est d'inspecter et de diriger le mouvement. Celui-ci est surveillé attentivement dans les régions officielles, encouragé et suivi à la fois avec une prudence et une résolution qui garantissent de ses excès en même temps qu'elles assurent ses progrès.

Pour ne citer qu'un exemple de ces tendances, voyons ce que dit un des instructeurs de l'armée prussienne, bien connu cependant pour son attachement à la discipline la plus rigoureuse : « C'est avec raison que l'on juge le corps entier d'après la manière d'être des hommes considérés isolément; » et plus loin : « Pas un officier prussien ne voudrait contester aujourd'hui que le but principal de l'éducation du soldat consiste dans le développement de son intelligence (2). »

Pourquoi donc les Prussiens n'ont-ils pas rencontré les obstacles qui nous arrêtent?

Leur ancienne méthode avait inspiré celle que nous pratiquons encore (3); ils devaient y tenir d'autant plus qu'ils en étaient les auteurs. S'ils pouvaient se départir de son formalisme sans craindre de graves écarts, ils ne devaient compter

(1) « Gloria nostra est testimonium conscientiæ nostræ. » Saint Paul, *Ep.* II, *ad Corinth.*

(2) Steinmetz ; *l'Infanterie prussienne*, tr. Schenck, pp. 9 et 51.

(3) Voir : *Tactique et discipline selon le nouveau règlement prussien.* Gisors, 1759.

Règlements pour l'infanterie prussienne. Kéralio, 1757.

Essai sur la tactique de l'infanterie. Pictet.

Problème résolu. 1774.

que sur peu de ressources pour les prévenir. Leur caractère s'y adaptait bien mieux que le nôtre. En un mot, nous étions dans les meilleures conditions pour maintenir, en tactique théorique, l'avance que nous avions prise sur eux dès la fin du siècle dernier en tactique appliquée.

Le contraire s'est produit. C'est que les Prussiens, observateurs attentifs, réformateurs prévoyants et décidés, confiants en eux-mêmes sans vanité excessive, ont raisonné, étudié, adopté, formulé et enfin employé les moyens propres à les maintenir à la hauteur des transformations de l'art militaire. Ils ont expié par des pertes cruelles, au début de la campagne de 1870, le moment d'hésitation qu'avait produit la campagne de 1866; aussi ont-ils de nouveau détourné les yeux du passé pour observer le présent et envisager résolûment l'avenir.

Un tel travail ne s'est opéré que lentement. Il se laisse clairement apercevoir dans presque toutes les œuvres de leurs auteurs militaires depuis le commencement du siècle (1). Mais ces œuvres n'étaient encore que des traités de tactique, tels qu'il en paraissait en France de bien supérieurs et de plus sobres en spéculations abstraites : toujours ils indiquaient les résultats désirables, non la manière de les obtenir. Peu à peu une école nouvelle, celle de Waldersee, s'est fondée et a transformé l'esprit militaire prussien. Elle a, en raison de sa nature, pris naissance sur le terrain même, non dans des travaux de commissions. Ce sont les grandes manœuvres qui ont attiré l'attention sur les vrais principes de l'instruction. Les souvenirs de Potsdam valaient à ces exercices une faveur particulière ; plus que partout ailleurs ils devaient être surveillés avec soin et exécutés sérieusement. Aussi firent-ils bientôt ressortir l'insuffisance de l'instruction

(1) Voir principalement Lindenau, Gross, Bulow, Scharnhorst, Brandt, Fischer, Arnold, Ochs, Clausewitz, Decker, Wagner, Malter, etc., etc.

dans le service en campagne ; réciproquement, ils ne pouvaient comporter cet imprévu qui fait leur utilité, sans que cette instruction fût aussi complète pendant la paix qu'elle eût pu l'être après trois mois de campagne. Une observation approfondie et exacte du détail, autre tradition de Frédéric (1), montra quelles lacunes existaient et comment on pouvait les combler ; mais elle dut changer d'objet : à un siècle de distance, on comprit que l'instruction élémentaire avait à satisfaire à des exigences autres que celles prévues par le grand roi. Puis, les principes de l'instruction pratique et de l'éducation individuelle promettant d'immenses avantages pour le service le plus important après tout, pour le service en campagne, loin de sacrifier celui-ci à la méthode générale d'instruction, loin même d'en faire une exception, on a fondé le système tout entier sur ces principes, afin de lever toutes les difficultés de détail.

En conséquence, l'instruction militaire en général s'est de plus en plus décentralisée ; elle s'est en même temps particularisée et appliquée non plus *à l'infanterie*, mais *au fantassin* et *à ses chefs*. Le service pratique s'est séparé du service théorique, l'*Altpreussischer Dienst*, conservé avec toute sa rigueur, mais seulement à titre d'utile préparation. Pour chacune des unités tactiques, d'après son véritable mode d'action et dans les conditions analogues à celles du champ de bataille, l'exercice s'est complété par la manœuvre. De même que dans le combat, l'initiative particulière a été admise dans l'étude et dans l'enseignement, sous la condition d'une responsabilité sérieuse et d'un contrôle attentif. Pour n'avoir pas seulement l'air de faire beaucoup et rapidement,

(1) « Aimez donc les détails ! Ils ne sont pas sans gloire ;
« C'est le premier pas qui mène à la victoire. »
(Frédéric II.)

pour faire utilement et sûrement, pour mieux concentrer l'attention sur les pratiques usuelles, pour se donner le temps et de les répéter avec les variétés infinies que comportent les circonstances de guerre et d'expliquer, de discuter, de faire comprendre à tous leur emploi et les modifications dont elles sont susceptibles, on a renoncé, dans les manœuvres, à une régularité et à une uniformité idéales ; on a exclu toute superfétation théorique ; on a préféré à de grandes représentations théâtrales le travail par petites unités ; on a préparé le tirailleur, l'escouade, la compagnie, au combat par masses dispersées ; on a voulu surtout s'habituer au désordre afin de le régulariser à l'avance. L'*instruction*, en un mot, *s'est confondue avec la tactique appliquée;* elle a pu donner ainsi aux Prussiens certaines de ces qualités qui avaient longtemps fait notre supériorité (1).

Les mêmes principes d'utilité pratique et d'initiative individuelle ont été étendus à toutes les parties de l'organisation militaire : services des états-majors, des chemins de fer, des étapes, de santé, etc. ; systèmes d'avancement, de mobilisation, de recrutement, d'administration, etc., et à mille détails des mœurs militaires (2) ; ils sont en outre le fondement de l'organisation politique et administrative, où depuis longtemps ils exercent leur influence (3).

En toutes choses, au mépris des obstacles, des intérêts individuels ou d'une régularité superficielle, les Prussiens marchent au but par le chemin le plus court et le plus sûr, en laissant et, au besoin, en imposant à chacun, dans sa sphère,

(1) Voir *De la subordination*, 1751, p. 47.

(2) Voir l'épilogue du *Memoire militaire* et l'introduction de l'*Art de conduire les troupes*.

(3) Ils sont posés dès 1806 dans les circulaires du baron de Stein. Voir l'*Armée prussienne*, de Lahaussois, et *Causes de la décadence et de la grandeur de la Prusse*, de Lèques.

l'exercice de son activité, condition indispensable au succès de toute action aussi compliquée que l'est celle d'une armée.

Ces principes ne s'appliquent dans la vie militaire naturellement et facilement, sans danger, sans à-coup, que grâce à cet emploi général et à leur origine ancienne. Tous les esprits y sont préparés de telle sorte que des règlements étendus et précis, embarrassés de détails minutieux, sont inutiles pour la méthode d'instruction. Celle-ci peut se condenser dans l'ordonnance la moins volumineuse qui soit en Europe, sauf celle de la Suisse, avantage dont sont privées les armées qui, « n'ayant été jusqu'ici qu'administrées, veulent entrer dans la voie du progrès (1). »

Nous sommes loin de nous trouver dans les mêmes conditions, car nos institutions présentent certes un tout autre caractère que celles de la Prusse. Il serait utile de se rendre compte de leur influence sur l'armée, de voir comment, grâce à des défauts du caractère national, à la fausse appréciation de certains événements, à un respect exagéré des traditions, pour ne pas dire à la routine, et à des considérations politiques, toujours plus ou moins mêlées aux plans d'organisation militaire, elles ont produit un état de stagnation qui, au milieu d'un progrès général, peut mener à la ruine. Mais un tel sujet, trop étendu et trop délicat, nous entraînerait loin des questions purement militaires. Nous voudrions même ne pas nous écarter de cette question spéciale : l'instruction ; pourtant elle est si évidemment liée au mode d'action qu'il n'est pas possible de laisser celui-ci de côté.

Étant donc données les conditions du combat moderne, nous chercherons maintenant à voir quel est l'esprit de nos

(1) *De la responsabilité à la guerre*, p. 32.

règlements d'instruction, quelle est la nature de leurs procédés et quels résultats ils peuvent fournir.

La différence qui les distingue de presque tous les règlements étrangers est peu apparente ; elle consiste simplement dans l'exercice de chacune des unités tactiques en dehors de la place d'armes. Mais cette différence est fondamentale et à notre grand désavantage ; elle révèle dans notre méthode l'absence de toute corrélation entre l'instruction et l'action, caractère essentiel réclamé depuis longtemps, mais en vain. Par suite, notre système n'a plus qu'une utilité théorique et indirecte, insuffisante même à ce dernier point de vue ; et cependant, en raison de sa rigueur, il doit continuer à s'opposer à l'instruction dans le service en campagne !

Notre appréciation personnelle ne peut suffire pour confirmer ces conclusions. Ce sont les paroles, les écrits des auteurs et des partisans du système actuel qui doivent le faire connaître et le faire condamner ; ce sont surtout ses résultats, car il a été pratiqué assez longtemps pour les donner tout entiers. Il a de plus été éprouvé contre le système contraire. Or, s'il a pu se maintenir grâce à des succès dont il bénéficiait à tort, succès que nous remportions sur des ennemis aussi peu avisés que nous-mêmes, n'est-il pas rationnel qu'il cède aujourd'hui que l'expérience a conclu contre lui ? Il s'appuie encore sur une légende non moins fausse, non moins dangereuse, non moins urgente à combattre que celle des levées en masse, dont on ne reparlera plus de quelque temps. Il a été une de ces causes d'infériorité patente qui ont fait dire aux observateurs désintéressés et impartiaux : « Par son organisation et par son administration, la France était vaincue en 1870, avant qu'un coup de fusil n'eût été tiré (1). »

(1) *Preussens und Franckreichs Vorbereitungen*. Wolff, officier danois.

A part quelques timides innovations qui se sont glissées dans le règlement de 1869, et auxquelles certains officiers ne seraient pas éloignés d'attribuer nos désastres, notre système tactique, considéré dans son ensemble, repose incontestablement sur l'action régulière, méthodique, à rangs serrés et par masses, à découvert, en formations compactes et uniformes, à la voix et sous l'œil du chef, par le plus grand nombre possible de troupes sur un espace aussi restreint que possible. Une bonne exécution du feu de billebaude, puis des feux à commandement, a pu suffire d'abord; on y a joint bientôt, et de plus en plus, la charge en ligne pleine, plus tard en colonne, en dernier lieu préparée et couverte de très-près par un petit nombre de tirailleurs. Les mêmes principes convenaient à l'un et à l'autre de ces deux modes d'action, le feu et le choc, ainsi employés.

Ces principes peuvent et même doivent consister en ceci : supprimer l'individualisme; le comprimer du moins et le fondre, inerte, passif, dans l'ensemble. Celui-ci est seul à considérer; ses fractions n'ont qu'à céder à l'impulsion qui, venue de haut, se transmet successivement à chacune d'elles, grâce à un agencement convenable. Il est admis que cette impulsion se communique toujours et partout d'une manière assurée, régulière, suffisante. La direction est abandonnée au génie, à l'instruction, à l'expérience, à l'inspiration du chef; il ne reste plus qu'à faciliter à celui-ci sa tâche en obtenant, par la force de l'habitude, une stricte exécution de ses ordres.

On l'avoue, les exercices mécaniques ne donnent pas à nos armes toute leur valeur; un ordre trop compacte est plus dangereux qu'utile; des manœuvres compliquées, lentes, parfaitement régulières, sont impraticables; des règles absolues ne peuvent être observées en campagne; en un mot, le temps n'a laissé aucune utilité dans les batailles aux moyens dont on se sert pour les préparer, aux résultats qu'on recherche. Qu'importe ! On ne veut pas enseigner à agir, mais bien à obéir.

Ce système d'instruction et la tactique dont il procède (1) ne sont plus acceptables. Le terme depuis longtemps fixé à leur emploi (2) est dépassé (3).

Jadis les armées, « mises en bataille la veille pour combattre le lendemain (4), » se rencontraient, ainsi qu'en un champ clos, sur un terrain découvert et uni, choisi par un parti, accepté par l'autre ; elles se fusillaient à quelques pas de distance, ou se séparaient sans en venir aux mains, si elles ne restaient en présence pendant des semaines. « Toutes les opérations d'une campagne cessaient dès qu'une affaire générale était décidée. « L'armée étant rangée et prête à combattre, on envoyait aux troupes légères l'ordre de se retirer et de se mettre en bataille derrière la première ligne (5). » Le bataillon, unité compacte, n'admettait aucune subdivision et pas même de place fixe pour les officiers. Le type du soldat était le soldat de métier, qu'on se voyait forcé de consigner au quartier pendant des années entières. Le mode d'instruction, choisi pour sa nature et pour celle de

(1) Voir l'*Instruction aux généraux belges*; 1866, p. 27.

(2) « La tactique n'a guère été au delà des combinaisons *que le grand Frédéric avait imaginées;...* elle restera probablement stationnaire *tant qu'une découverte capitale ne produira pas une révolution dans les arts.* » Foy; *Guerres de la Péninsule*, p. 152.

« Nous sommes à la veille d'une nouvelle ère tactique. » Brandt.

« Les nouvelles inventions semblent nous menacer d'une *grande révolution* dans l'organisation, l'armement et *même la tactique* des armées. » Jomini, *Précis*.

« Malheur à la nation qui laissera péricliter son armée et négligera de la maintenir à la hauteur de la science. » Renard; *Considérations sur la tactique de l'infanterie*.

(3) « Cette ordonnance (1831) appartient aux errements d'une tout autre époque; elle ne tient pas compte des faits accomplis. » Renard.

(4) Carrion-Nisas; *Histoire de l'art militaire*.

(5) Turpin de Crissé; *Essai sur l'art de la guerre*, ch. IV.

ses armes, n'admettait aucune nuance ; les mots : école, exercice, évolutions, manœuvre, ne présentaient guère qu'un seul et même sens, malgré de longues et obscures discussions.

Ces caractères se sont certes considérablement modifiés dans le cours de deux siècles. L'ordre profond s'est combiné avec l'orde mince ; les lignes ont appris à se rompre et à se reformer rapidement ; les grandes unités tactiques se sont fractionnées jusqu'à un certain point ; le terrain est devenu « le seul et premier maréchal des logis du général (1) ; » les sentiments individuels ont en mille circonstances affirmé leur puissance, montré qu'utiles pour la victoire, ils pouvaient servir aussi pour la préparer. La méthode d'instruction a éprouvé des variations correspondantes ; elle a pu ainsi, nous ne voudrions pas le nier, eu égard au mode d'action convenable à chaque époque, se proposer pour but la pratique de la guerre (2) et présenter la corrélation indispensable entre la période de préparation et le combat.

Mais ces faits ne se sont pas accentués de manière à renverser le système, ni même à altérer son esprit ou à modifier ses tendances. Il subsiste tout entier et nous laisse dans une situation qui n'est pas meilleure que celle où il a trouvé l'armée lorsque lui-même s'est établi, succédant au chaos des traditions et des prescriptions particulières à chaque corps (3). En présence de nécessités toutes nouvelles, d'élé-

(1) Prince de Ligne ; *Fantaisies militaires*, p. 31.

(2) « L'exercice doit *surtout* faire des hommes de guerre. » Bardin ; *Dict.*, v° *Exercice*.

(3) « Si les troupes étaient privées d'ordonnances d'exercice, cela tenait à ce que tous les auteurs classiques en fait d'exercice, et qui étaient regardés comme ayant force de loi, considéraient encore l'infanterie comme si elle eût été composée de piquiers et de mousquetaires, quoiqu'elle ne le fût plus que de fusiliers depuis un demi-siècle. Un travail réglementaire effrayait les commis de la guerre, parce qu'il fallait tout remanier, tout poser sur de nouvelles bases. » Bardin ; *Dict.*, v° *Exercice d'infanterie*.

ments de force inconnus jusqu'ici (1), les principes de la tactique réglementaire et ceux de la méthode d'instruction restent les mêmes qu'au siècle passé; pour s'en convaincre, on n'a qu'à comparer les raisonnements qui ont donné naissance à cette méthode avec ceux de ses défenseurs actuels : les motifs, les vues, les aspirations, sont identiques.

Comment donc, malgré tant de fâcheuses expériences (2), espère-t-on atteindre le but sans modifier les procédés de l'instruction et ceux de l'action, puisque « l'on ne fait plus dépendre de la nature des choses les rapports naturels entre le personnel et le matériel (3)? »

Ce sont des exercices et des prescriptions également théoriques qui doivent enseigner à faire la guerre. Toute représentation vraie du combat est sacrifiée à un type idéal, tel qu'il pouvait être autrefois raisonnablement conçu, mais tel que les conditions variables de la guerre l'éloignent de plus en plus de la réalité. De crainte d'altérer ce type, on rejette l'étude pratique sous toutes ses formes; on néglige et le terrain naturel et le mode d'action que l'expérience et le raisonnement recommandent. La preuve de l'instruction se fait sur la place d'armes; on y demande beaucoup pour obtenir un peu, en vertu d'une maxime fausse et favorable à la seule incurie.

L'esprit de ce système se trahit dans tous les détails.

Jusque dans ces derniers temps, l'instruction du fantassin consiste uniquement dans l'exercice à rangs serrés, « dans

(1) Voir le Rapport de la commission militaire à l'exposition de 1867, p. 5.

(2) « Que j'ai été heureux de voir manquer si souvent ce qui avait été si bien concerté! Il y a même une punition véritable. C'est la main du Dieu de la guerre. » Prince de Ligne; *Préjugés*, p. 122.

(3) Marmont; *Institutions militaires*, p. 267.

la pratique de la marche et dans l'art du maniement des armes (1). »

Les règlements apprennent à marcher, à manœuvrer, jamais à combattre; ils renferment « le mécanisme des mouvements (2), » « leurs principes et leur explication (3); » ils ne disent rien de leur application; ils sont « un immense arsenal où le chef, instruit par un long service, par son expérience de la guerre, par ses études, doit trouver toutes les armes dont il peut avoir besoin. » Ils excluent à dessein toute action isolée des unités tactiques; ils se gardent de mélanger les armes, afin de ne pas troubler l'ordre habituel et tout spécial de leurs manœuvres; ils se débarrassent de tout exercice qui ressemble à une opération de guerre : le passage du défilé, le passage des lignes, la retraite en échiquier, etc., etc., par cette seule raison que « il appartient à la tactique pratique plutôt qu'à la tactique d'étude (4). » On sait pourtant ce que ces mouvements avaient de pratique!

Vainement s'impose l'urgence de nouvelles branches de l'instruction; on hésite à apprendre au fantassin à viser, à apprécier les distances; « la seule chose, affirme-t-on, qui puisse être exigée d'un homme dans le rang est que l'arme soit bien abattue à hauteur convenable. » Quant à l'école de tirailleurs, ce n'est qu'à la longue et après une vive résistance qu'elle peut se faire admettre officiellement, quelque théorique qu'elle soit; on ne la regarde que comme « un accessoire du métier, » qui « doit être réservé à des troupes spé-

(1) Voir Bardin: *Manuel d'infanterie* et *Dict.*, v° *Gymnastique:* « Marcher droit, le jarret tendu, les coudes au corps et saccader le pas constituait presque tout le savoir d'un homme de pied. »

(2) École de bataillon, 1869.

(3) École de régiment, 1869.

(4) La raison pourrait être bonne si la préparation théorique devait se compléter par une instruction supérieure.

ciales, » comme « un complément d'instruction après que l'homme est rompu aux manœuvres d'ensemble, auxquelles il est vraiment destiné. » On refuse de prévoir le cas où « ce sera au bataillon à suivre la marche du combat, à soutenir les tirailleurs, à subordonner ses mouvements aux leurs. » En 1864 on cherche encore à « limiter l'importance des tirailleurs, qui sont uniquement les yeux et les oreilles du corps dont ils protégent la marche; » on ne veut voir en eux que des éclaireurs, sans songer que des moyens d'action étant donnés, il n'appartient à personne d'élever ou de rabaisser le rôle qui leur revient.

Les manœuvres compliquées n'effrayent pas pour l'étude; bien au contraire, on les recherche, on en dessine qui rappellent les combinaisons ingénieuses, mais ridicules, de certains tacticiens du XVIe et du XVIIe siècle; on s'amuse à y exercer les troupes; on revient à l'époque antérieure à Frédéric (1).

Mais si une formation pratique est proposée, on sait bien la repousser à titre de complication inutile. Cette objection dispense alors de l'examiner. Croirait-on, par exemple, que les colonnes de division ont été longtemps ajournées comme ayant le même caractère, le même but, les mêmes avantages que le passage d'obstacle, comme « faisant double emploi ! » On s'en étonne moins lorsqu'on les trouve encore prescrites comme une simple forme accidentelle, sans principes définis, et lorsque, dans nos manœuvres, on a vu le bataillon en trois échelons à vingt pas de distance, avec intervalles de peloton, faire des feux de salve, marcher à l'attaque, en retraite, par le flanc, et le tout à la voix de son chef. A quoi

(1) « Le roi de Prusse nous fit voir, dès la première campagne, que des bataillons ne sont pas des parallélipipèdes. » Silva; *Essai sur les manœuvres.*

attribuer de telles énormités et tant d'autres semblables dont nous sommes témoins chaque jour, qui passent souvent inaperçues et ne sont, en tous cas, jamais le sujet d'une réprimande sérieuse ?

Les manœuvres avec ennemi représenté et juges du camp ont été essayées en 1845 et 1847 ; le succès en a été constaté par de hautes autorités ; elles sont tombées en désuétude.

Des prescriptions formelles, l'avantage incontestable de laisser toujours les hommes aux mêmes chefs, ne peuvent faire perdre l'habitude du rang de taille, des pelotons égalisés, des tiercements, etc.

Tandis que jadis l'ordre de bataille a été pris pour ordre de parade, c'est celui-ci qui reste maintenant le seul ordre de bataille officiellement reconnu, car, dit-on, « c'est justement parce que des bases régulières et précises font défaut en campagne qu'il faut y tenir pendant la paix. »

Le règlement lui-même ne peut prévaloir contre la manie de cet ordre direct, soi-disant naturel, si souvent attaqué, maintenu sans raisons (1), et que l'on entend encore défendre au nom de la mobilité et de la solidité des troupes, de la promptitude et de la simplicité des manœuvres !

Dans les exercices élémentaires, on ne veut pas reconnaître « qu'il soit heureux de se rapprocher des mouvements naturels » et de « seconder la nature (2). » Sous quels prétextes ! On conserve le port d'arme dans la main gauche pour « permettre dans les inspections de voir facilement si l'arme est bien entretenue, » pour « ne pas renoncer à

(1) L'existence des compagnies d'élite pouvait-elle le justifier, alors qu'il était lui-même, en d'autres discussions, le motif allégué pour leur maintien ?

(2) Brézé ; *Réflexions sur les préjugés militaires*, 1779.

cet éclat que, sur le terrain et dans l'opinion, une troupe tire de ces parties de l'arme si brillantes, vues de si loin, » pour « ne pas nuire au prestige, à la grande opinion de lui-même que ce port d'arme donne au soldat. » D'ailleurs le port d'arme à droite semble, sans qu'il soit besoin de plus d'explications, être « contraire à tous les principes sur lesquels repose l'ordonnance tout entière. » On n'accorde pas le balancement des mains, « parce qu'il est généralement toléré aux allures vives et qu'il ne saurait être permis dans le défilé sans nuire à la régularité de ce mouvement et à la beauté du coup d'œil. » On n'adopte pas certains mouvements, parce que « ils sont employés, mais qu'il est sage de n'en pas faire un principe absolu. » On en conserve d'autres, parce que « ils n'ont pas d'importance, que les instructeurs bien dirigés ne s'y attachent pas, qu'il n'y a pas urgence à les supprimer. » Abandonner le pas oblique, « ce serait renverser le principe fondamental de l'ordonnance. » Quant au pas ordinaire, on le croit « indispensable aux évolutions de ligne (1); » le supprimer serait se fier imprudemment à « une législation de pétulance (2). » Lui aussi est un principe (3); il est le véritable pas de manœuvre ; « il est le seul qui convienne aux mouvements de retraite (4) ; » il donne à la troupe « sa véritable allure dans le temps de paix, qui est, après tout, son état habituel. » Il prolonge utilement les parades, unique distraction des garnisons et des habitants

(1) Nous ne nous chargerions pas d'expliquer comment les signataires de cette opinion oubliaient, le 16 avril 1853 et le 22 mars 1855, que les évolutions de ligne de 1831 avaient supprimé le pas ordinaire.

(2) Bardin; *Dict.*, v° *Pas ordinaire.*

(3) Idem; v° *Ordonnance.* « L'ordonnance de 1831, en abolissant le pas ordinaire, a brisé les plus savantes combinaisons de celle de 1791. »

(4) Pourquoi plutôt ne pas supprimer tout mouvement de ce genre? Bugeaud avait dit cependant : « La fuite, même en désordre, est seule méthodique. »

dans les petites villes (1). Il est seul cadencé, rhythmé, imposant, grandiose. Sans pas ordinaire, nul prestige ; s'il ne sert à rien contre l'ennemi, il est du moins bien fait pour inspirer aux populations tantôt la sympathie, tantôt la crainte. Que d'autres raisons ne donne-t-on pas, auxquelles il faudrait répondre avec la verve indignée du prince de Ligne (2), et qui rappellent ce galimatias prétentieux à l'aide duquel on voulait, au siècle dernier, enseigner l'art de gagner les batailles en démontrant par l'histoire, la physique, la géométrie, la mécanique, l'anatomie, l'esthétique, la philosophie, etc., etc., comment doit se tendre le jarret (3).

Les mots eux-mêmes ont vieilli. Cependant condamner ceux tels que *pas ordinaire*, *en bataille*, etc. (4), c'est paraître s'attaquer à l'organisation entière; c'est laisser prévoir qu'après avoir fait adopter des termes qui aient un sens, on voudra de même réformer les choses.

On ne veut à aucun prix de l'individualisme tel, bien entendu, qu'il faut le comprendre pour ne pas déraisonner, ni pour l'homme ni pour l'unité tactique, de quelque ordre qu'elle soit, ni dans l'action ni dans l'instruction. Parce que autrefois, avec raison peut-être, « on ne s'est occupé en rien de l'initiative intelligente, fondée sur l'instruction personnelle, parce qu'on l'a regardée comme funeste, » elle n'excite encore aujourd'hui que la terreur. Elle serait la ruine du système. On continue à penser que « les attributs moraux et physiques ne sont d'aucun poids, parce qu'un enfant peut, d'un coup de fusil, jeter à terre un géant (5). » On vise

(1) Bardin; *Dict.*, v° *Pas ordinaire*.
(2) Prince de Ligne; *Fantaisies militaires*, p. 86.
(3) Voir Bohan; *Examen critique du militaire français*, vol. II, p. 96; *Encyclopédie militaire*, v° *Marcher*.
(4) Voir Morand; *l'Armée selon la Charte*, p. 142.
(5) Bulow; *Esprit du système de guerre moderne*, tr. Tranchant, p. 67.

uniquement à assurer l'exécution rigoureuse de prescriptions qui prennent plus ou moins la guerre pour objectif, à perpétuer un niveau moyen d'instruction par la reprise annuelle des exercices, sans provoquer personne à le dépasser. On façonne, par l'habitude de formes rigides, invariables, un instrument docile, prêt à tout (1), « machine animée qu'un commandement bref fait agir comme par un moyen mécanique. (2) » Avant tout, « on rend l'individu bonne partie intégrante du bataillon à rangs serrés, » rouage inerte « d'un mécanisme plus ou moins compliqué, dans lequel son unique soin est de se conformer aux ordres de celui auquel est dévolu le soin d'utiliser ce système et d'en régler les mouvements (3). »

Les conséquences sont faciles à prévoir.

On s'attache « à faire connaître combien est dangereux tout système fondé sur l'initiative individuelle, » combien est funeste « la tendance, qui se manifeste chaque jour, qui détruirait la puissance des masses pour en revenir aux efforts individuels, qui forcerait de renoncer à ce qu'ont appris de longues études et une longue expérience, pour retourner à l'état sauvage. » On s'efforce donc de dissimuler avec soin ce fait que les mêmes études et les mêmes expériences ont appris à ébranler, à battre en brèche, à renverser à coup sûr ces masses par des moyens inconnus jusqu'ici. On compte peu sur les ressources que peut présenter l'individu ; aussi accepte-t-on volontiers le remplacement ; aussi préfère-t-on le service long, mais restreint, au service obligatoire. On méprise, on redoute les qualités si précieuses du

(1) « Au lieu de faire des soldats, on cherche à faire des automates; il semble à nos faiseurs que ce soit le beau idéal. Heureusement, ils n'y parviennent pas. » Gouvion Saint-Cyr.

(2) De Lambertye; *Projet de règlement*, 1817.

(3) Herbinger; *Des tirailleurs*, p. 1.

caractère national; « il faut chercher à y mettre un frein plutôt qu'à les encourager. » « On ne veut pas que les Français soient ce qu'ils peuvent être; on veut qu'ils ne soient pas ce qu'ils sont (1). » Par suite, « il n'est nullement question des évolutions les plus propres à leur génie, à leur caractère, à leur tempérament; on n'a pas cru devoir en tenir compte; il a paru plus facile d'emprunter aux Allemands leur méthode (2), » et l'on ne voit rien encore qui soit supérieur à l'ancien service prussien, que ses auteurs ont su modifier si profondément.

Parfois cependant on veut bien reconnaître que « la meilleure constitution militaire est celle qui s'adapte le mieux aux instincts et au caractère du peuple pour qui elle est faite; » mais on comprend d'une étrange facon ce principe incontestable (3) : tantôt elle ne paraît leur convenir que si elle leur est précisément opposée, tantôt, par exemple, on se refuse à simplifier des commandements longs et compliqués, parce que « il faut parler à notre soldat curieux et intelligent, afin de lui expliquer ce qu'on veut; il parlerait si on ne lui parlait. »

On ne se défie pas moins des instructeurs, même de grades élevés; c'est à peine si, par un léger progrès sur le règlement de 1816, on leur impose la responsabilité de l'instruction, mais sans leur en donner la charge, inconséquence qui leur apprend à se renfermer dans un rôle tout passif. Là où une certaine indépendance leur est laissée, la nature des inspections les amène à briller, à se faire personnellement

(1) Propos de Frédéric II, rapporté par le prince de Ligne.

(2) Gouvion Saint-Cyr; *Mémoires*, p. 14.

(3) Le système « qui conduit les hommes de la manière qui convient le plus à leur penchant et à leur inclination est le plus parfait. » Montesquieu; *Lettres persanes*, LXXX.

valoir à l'aide de subterfuges plutôt qu'à présenter des résultats sérieux.

Il n'y a aucune raison pour s'arrêter dans cette voie à l'une quelconque des unités tactiques. Leur instruction particulière est réglée uniquement en vue de leur action dans la ligne et reste ce qu'elle était au temps de Frédéric. Les diverses écoles n'ont pour objet que « l'harmonie des mouvements en grand (1), » et « chacune d'elles n'est et ne doit être en principe qu'un échelon préparatoire et exclusivement d'instruction à l'école supérieure. » On ne suppose nulle part qu'un combat puisse être livré par une fraction isolée ; on enlève toute indépendance à la compagnie et, autant que possible, au bataillon, qui « occupe dans la ligne une situation analogue à celle de la compagnie dans le bataillon (2), » qui « ne fait pas de manœuvres, mais seulement des évolutions, car ce sont les brigades seulement, et non leurs fractions, qui manœuvrent (3). »

Bien plus, ces mouvements en grand, le but de l'instruction, restent eux-mêmes théoriques. Sous prétexte de ne pas s'occuper d'exceptions (4), on ne veut ni école de brigade ni école de division (5) ; on n'admet que les évolutions d'une ligne pour laquelle on fait abstraction et de sa composition, et du mélange des armes, et du terrain et de la variété des circonstances, et même, le plus souvent, de l'action combinée des tirailleurs. Est-il étonnant que dans de telles conditions ces évolutions aient été presque toutes regardées comme de belles parades (6) ?

(1) École de bataillon, 1831, § 7.
(2) *Field Exercices and Evolutions*, 1824, p. 261.
(3) Bardin ; *Dict.*, v° *Manœuvres*.
(4) Idem, v° *Ordonnance*.
(5) Voir les articles du général Pelet dans le *Spectateur de* 1827 et 1828.
(6) Duhesme ; *De l'infanterie légère*, p. 78.

Il est dès lors fort naturel que l'on examine le soldat dans le rang seulement ou que, si l'on vient à l'isoler, ce soit sur la place d'armes, sans qu'on lui demande autre chose que ce qu'il eût exécuté dans l'ensemble. Il en est de même pour les chefs des petites unités. De là une indifférence avouée pour l'instruction des officiers et qui s'étend à celle des états-majors. On se contente d'exiger en principe que les règlements soient connus (1) ; en fait, on y tient peu la main, car on accorde à cet effort de mémoire aussi peu d'importance qu'aux prescriptions elles-mêmes. Hors de là, on n'offre aucun encouragement au travail ; on refuse même de donner dans les corps les moyens d'étudier les matières les plus indispensables ; on trouve que « ils n'y seraient utiles qu'aux officiers instruits, lesquels *peuvent* travailler chez eux quand ils *veulent* acquérir de nouvelles connaissances. » En général, on se borne à « former l'officier en formant le soldat ; c'est à lui de suppléer par des études particulières à ce que cette instruction peut laisser à désirer (2). » Aux plaintes qui s'élèvent sans cesse sur l'insuffisance des cadres, on n'oppose que des difficultés de détail, que les dépenses à accroître, l'inconvénient de modifier la loi d'avancement, que l'on ne prétend cependant pas défendre, la crainte de « blesser des amours-propres, de créer des catégories entre les officiers, etc., etc. »

Tant de preuves ne montrent-elles pas de la manière la plus évidente que le système en vigueur repousse à dessein tout ce que recommanderait l'expérience de la guerre ; qu'il fait passer la pratique après *l'école*, et que, pour ne pas nuire à celle-ci, il sacrifie la première ? « Les exercices pratiques

(1) « Un homme peut connaître les manœuvres sans avoir une idée au delà de leur partie mécanique. » Macdougall ; *l'Art de la guerre chez les Anglais*, p. 31.

(2) Collection Préval ; Mémoire n° 19.

peuvent être recommandés, dit-on, mais ont des inconvénients, et leurs avantages ne sont pas suffisants pour qu'on cherche à surmonter leurs difficultés. » Ce n'est donc pas à tort que notre ordonnance a été comparée à un recueil qui donne une recette détaillée pour toute espèce de plats ; que l'on fasse la cuisine pendant vingt ans en s'y conformant à la lettre et que l'on goûte alors pour la première fois!

Les partisans du système aperçoivent clairement ses superfluités et ses lacunes ; ils le trouvent impraticable ou dangereux en campagne ; il ne font pas difficulté de reconnaître que les règlements donnent une idée fausse du combat et que l'action doit s'exercer d'une façon toute différente de celle qui aura été enseignée. Mais, s'ils ont renoncé à transporter sur le champ de bataille les formes de l'exercice, ils ne tiennent pas moins à elles pour l'instruction. Qui ne sait, disent-ils, que « les évolutions de ligne ne sont pas faites pour être exécutées sous le feu, » que « l'on ne manœuvre pas devant l'ennemi, » que « à la guerre les détails mathématiques des manœuvres disparaissent? » L'armée fera ce qu'elle a toujours fait : elle oubliera ce qu'elle aura appris pendant la paix (1). Que parle-t-on de pratique lorsqu'on est forcé de négliger l'élément moral de ces prétendues représentations de combat? Mieux vaut supposer qu'il n'existe pas (2) ! Pourquoi s'occuper des qualités du soldat? Elles se développeront toujours trop tôt. Satisfaits de penser que « une troupe qui manœuvre d'une manière irréprochable sur le terrain d'exercice se prêtera d'autant plus facilement et plus sûrement aux évolutions rapides et imprévues du champ de bataille, » ils ne réfléchissent pas à ce que l'on pourrait attendre d'elle, si elle était convenablement préparée à ces mêmes évolutions.

(1) Voir le *Mémoire militaire* du prince Frédéric-Charles.
(2) Idem.

Ainsi ils sont amenés, par leur méthode trop exclusive, à s'en reposer sur cet individualisme qu'ils combattent (1), à lui lâcher entièrement la bride à un jour donné, à « tout abandonner alors à l'instinct d'individus qui opèrent pour leur compte et finissent par échapper complétement à toute direction. » Ils acceptent de courir les chances les plus périlleuses, oubliant qu'il n'y a de hasards à la guerre que ceux que l'on n'a pas su prévoir, et que la Fortune n'est le dieu que des imprudents ou des incapables (2).

Si le système n'est aujourd'hui, d'après ses défenseurs mêmes, qu'un ensemble de formes dont on se débarrasse en entrant en campagne (3), la discipline reste son unique objet. Mais il ne peut s'agir que d'une discipline de paix.

En même temps que ces formes, en même temps que sa tenue de parade et les registres de sa savante comptabilité, l'armée laisse au dépôt les idées qu'on y a liées intimement, c'est-à-dire les principes les plus nécessaires à son existence et à son action. Elle les oublie d'autant plus facilement et plus vite que rien ne les rattache aux circonstances au milieu desquelles elle est subitement transportée.

Et cependant le système ne disparaît, avec ses stimulants et ses moyens coercitifs, bons pour la garnison, qu'après avoir étouffé les germes les plus féconds de force et d'activité. Il laisse la direction et l'exécution également étonnées, indécises, apathiques, et les excès des sentiments individuels

(1) « Aucune ordonnance n'ayant prescrit l'ordre pour combattre en tirailleurs, c'est le plus ou le moins d'intelligence et d'habitude de la guerre des officiers et des soldats qui dirige leurs mouvements. » D'Azémar; *Système de guerre moderne*, p. 119.

(2) « Nullum numen habes, si sit prudentia. Nos, te,
« Nos facimus, Fortuna, Deam, cœloque locamus. » (Horace.)

(3) « N'est-ce pas condamner une ordonnance que d'admettre qu'elle devra être violée là précisément où elle devrait servir de règle? » *Deux questions sur les règlements* (*Spectateur*, 15 juin 1859).

sans frein comme sans remède. Parce qu'il a dominé sans conteste pendant la période de préparation, parce qu'il a tout ramené à ses principes, rien ne reste derrière lui qui soit vivant et puisse agir à sa place.

Il étend sa pernicieuse influence jusque sur l'organisation, et s'enlève ainsi la chance favorable que pourrait lui valoir un premier succès, un succès de surprise. Ce qui s'est passé pour l'infanterie légère peut être pris pour exemple.

D'abord des corps spéciaux peu nombreux, levés, pour la plupart, au moment du besoin, et en quelque sorte laissés en dehors du *militaire*, étaient employés uniquement à la petite guerre. Ils ont été augmentés, ils sont devenus permanents, ils ont constitué une arme dont l'importance soudaine est bien digne de remarque. Cette arme a eu son caractère propre, son organisation particulière et des procédés d'action et d'instruction qu'on se refusait à réglementer, mais qu'on tolérait. « A elle, disait-on, l'instruction large, sobre de minuties, affranchie de règles trop précises et livrée en grande partie à l'intelligence et à l'initiative de l'individu. A la masse de l'infanterie l'instruction régulière, méthodique, précise, apte à se plier aux formations d'ensemble. » Ailleurs on disait encore : « Pour l'infanterie légère l'unité possible est la compagnie, l'unité réelle est la file ; la preuve en est dans toutes les instructions rédigées aux armées pour suppléer au silence de nos règlements sur le service de l'infanterie légère. Pour l'infanterie de ligne, l'unité est le bataillon (1). »

Toutefois, à plusieurs reprises les corps légers sont devenus en tout semblables à l'infanterie de ligne (2).

(1) D'Alton ; *Observations sur l'organisation de l'infanterie*, 1820.
(2) Voir les *Opinions des généraux sur l'organisation de l'infanterie en* 1814 ; mém. mss. ; dépôt de la guerre.

Pour jouer un rôle semblable au leur, sur une moindre échelle, des compagnies de voltigeurs ont été créées dans les régiments de ligne : elles n'ont pas tardé à ne se distinguer des autres que par le choix et la taille des hommes.

Quelques bataillons de chasseurs ont été organisés. Ils étaient « un essai pour transformer l'infanterie entière et lui donner le caractère et l'organisation de l'infanterie légère (1); » en peu de temps, dès que leur nombre s'est accru, ils se sont fondus dans la masse.

Jamais la spécialité dont on ne croyait pas pouvoir se passer n'a réussi à se maintenir (2). Son existence était motivée bien plus par l'emploi qu'on en pouvait faire, par une instruction et une manière de combattre particulières, que par son organisation et son armement. Cependant chaque tentative a échoué par suite du développement de nécessités déjà anciennes, et chaque fois les deux infanteries se sont rapidement unifiées. Mais, tandis que l'infanterie de ligne se rapprochait de l'infanterie légère quant à ses moyens matériels et à son mode d'action (3), sans rien gagner sous les autres rapports et particulièrement sous celui de l'instruction, l'infanterie légère abandonnait de plus en plus ses caractères essentiels et était ramenée à la règle commune et au système général de préparation par l'influence de ce système.

C'est là que nous en sommes encore aujourd'hui, alors que nous ne devons plus former que de l'infanterie légère (4).

(1) *Idées générales sur l'organisation de l'infanterie.* Coll. Préval.

(2) « Le plus grand vice de nos bataillons est de n'avoir qu'une seule espèce d'infanterie. » Rogniat; *Considérations.*

(3) « Toute l'infanterie française n'est, pour nous, Allemands, que de l'infanterie légère. » *Opinion d'un officier supérieur allemand sur les causes des succès des Français en* 1859.

(4) « On considère comme un principe rigoureux qu'un bataillon ne devra jamais être consacré spécialement au rôle de tirailleurs. » Commission de 1868.

A quoi bon discuter ce système si ses résultats sont reconnus mauvais ou seulement inférieurs à ceux qui en étaient attendus? La faute n'en peut être imputée à une exécution imparfaite; car, surtout dans les choses militaires, elle est certainement fausse ou insuffisante toute disposition réglementaire qui, après un certain temps, reste à l'état de lettre morte ou n'est pas convenablement appliquée.

Examinons donc ces résultats. Mais auparavant, pour en mesurer toute la gravité, voyons rapidement ce qu'est le combat moderne.

Il a récemment subi une transformation que l'on ne peut méconnaître, plus profonde que celle qui a pu être remarquée au moment de la révolution (1), car elle est en partie matérielle et pénètre jusqu'au détail des plus petites opérations ; il a pris par là, quelque effort qu'on ait pu faire pour le réduire à son ancien caractère, une physionomie toute différente de celle des batailles classiques. Aussi s'applique-t-on de toutes parts à l'étudier et à le décrire sous ce nouvel aspect, tellement particulier qu'il oblige l'histoire militaire à changer de forme (2).

La petite guerre, caractérisée autrefois par l'emploi presque exclusif des tirailleurs, s'est généralisée. L'action principale se compose de séries d'actions isolées plus ou moins concordantes. Pour chacune d'elles l'ordre ouvert s'est substitué à l'ordre compacte, devenu l'exception parce qu'il ne peut être conservé, sous un feu violent, dans les premières

(1) « Personne ne contestera aujourd'hui que la grande guerre est toute différente de ce qu'elle était. » Decker, 1822.

(2) On reproche à l'*Histoire de la guerre franco-allemande* de fractionner le récit, de particulariser l'action, de disperser l'intérêt. Elle reproduit exactement les faits. En conservant la forme ancienne, en observant les règles générales d'une œuvre littéraire, elle ne serait plus une histoire militaire technique et ne donnerait que des idées fausses, tout comme un tableau de bataille.

lignes. Cet ordre de combat a déjà son histoire, sa théorie appuyée sur les expériences de paix et de guerre, ses méthodes propres pour l'action et l'instruction. Un tel effet subsistera quoi qu'on fasse, car on n'en détruira pas les causes, qui s'accuseront au contraire de plus en plus.

Ces causes, les voici :

Le feu a pris une importance considérable, qui s'accroît dans une énorme proportion avec la supériorité numérique et une préparation convenable. A lui seul il peut être décisif, et les avantages qu'il offre à qui sait le mieux s'en servir dans le combat de pied ferme sont peu de chose à côté de ses effets écrasants sur qui vient à s'en priver pour attaquer à l'arme blanche ou pour fuir. La zone qu'il recouvre ne peut être utilisée par l'adversaire pour les mouvements intermédiaires entre l'action de son feu et celle de la baïonnette, s'ils se font à découvert et en troupe nombreuse; on ne peut même l'occuper que si l'on y rencontre des abris ou si, par une disposition convenable, on force l'ennemi à disséminer ses projectiles. La partie qui s'étend en avant est si large et peut être tellement battue en un de ses points qu'on ne doit espérer la traverser, pour arriver au choc, qu'en s'aidant des mêmes moyens. Celle qui, offrant une sécurité relative, permettait de concentrer les masses à portée de leur objectif et de préparer leur effort, est supprimée ou reportée si loin qu'elle ne présente plus d'intérêt.

Le théâtre du combat a acquis une importance proportionnée à celle du feu. La défensive recherche le terrain coupé avec champ de tir favorable, et s'y tient, ou bien elle se prépare des abris en terrain découvert. D'autre part, l'offensive ne peut réussir qu'en profitant du même terrain coupé ou en lassant l'adversaire, en prolongeant la lutte, en ne s'y exposant que par fractions, en l'étendant à l'aide de mouvements tournants.

Qu'une ligne s'engage de front tout entière, le moindre accident du sol, la moindre inégalité des forces, une habileté plus ou moins grande à en tirer parti, mettent chacun de ses points dans des conditions matérielles et morales si différentes qu'elle se brise aussitôt. Qu'il soit nécessaire de renouveler ou de soutenir un effort malheureux, les renforts chargés de cette mission devront venir de très-loin et s'échelonner, afin qu'ils puissent, tout en arrivant à propos, garder intacte aussi longtemps que possible toute leur force morale. Les troupes sont donc forcées de se fractionner et sur le front et en profondeur.

Enfin la période préparatoire du combat est très-longue, la période décisive très-courte, par la même raison qu'elles sont toutes deux très-meurtrières. On ne s'expose qu'avec précaution pendant la première, on est forcé de brusquer la seconde. Les péripéties deviennent plus soudaines en même temps que leurs conséquences prennent infiniment plus de gravité. Les unes et les autres échappent à la direction supérieure, qui ne peut se faire sentir partout précisément à l'instant favorable.

Donc la tactique, « l'art des mouvements exécutés en présence de l'ennemi avec la formation qui offre le plus d'avantages et qui est le plus en harmonie avec les circonstances (1), » doit ne faire agir que le plus petit nombre de troupes nécessaire au succès sur le plus grand espace possible, les dissimuler sans les neutraliser, les instruire et les ranger de manière à obtenir du feu le maximum d'effet, et renoncer à l'unité qu'elle recherchait autrefois, pour s'en tenir, non à l'ensemble, mais au concert des efforts individuels.

Il y a là des faits d'expérience que ne voudraient pas con-

(1) Marmont ; *Institutions militaires.*

tester les partisans les plus déclarés des méthodes actuelles ; la discussion ne peut porter que sur la manière de se préparer à l'action, ces données étant admises et se combinant avec les modifications tout aussi profondes et tout aussi certaines que le temps a apportées aux dispositions morales des éléments dont se compose l'armée, à l'organisation, à la durée du service et aux combinaisons stratégiques.

Dans quelles conditions avons-nous été placés pour satisfaire à ces exigences?

L'ordonnance qui nous a instruits n'est que la reproduction des règlements du XVIIIe siècle (1) ; elle en a le caractère, le plan, les divisions; ses rééditions successives ne sont que la substitution de manœuvres de garnison à des manœuvres de garnison ; même il se manifeste quelquefois une tendance à revenir à ceux des anciens errements qu'elle a abandonnés. Ce serait lui dénier toute influence, toute utilité, que de prétendre qu'elle ne laisse pas dans les esprits, après l'entrée en campagne, des traces suffisantes pour conduire aux résultats les plus funestes sur nos champs de bataille ; ce serait s'aveugler sur tant d'exemples qui ont eu tant de témoins, qui ont fait tant de victimes.

Tel règlement particulier, qui n'a pu se faire accepter que grâce à une nécessité indiscutable, a été longtemps ou est encore incomplet, vu avec défaveur, très-peu compris, mal observé, parce qu'il échappe par sa nature à la domination des principes d'éducation théorique et d'ensemble. Par exemple, l'étude de l'appréciation des distances s'est faite jusque dans ces derniers temps d'une façon dérisoire ; la manière de marquer les résultats du tir avec la palette était recommandée, jamais employée ; l'école de tirailleurs se terminait

(1) Voir les 29 juin 1753, 14 mai 1754, 6 mai et 22 juin 1755, 20 mars et 1er janvier 1766, 1er mai 1769, 11 juin 1774, 30 mai 1775, 1er juin 1776 20 mai 1788, 1er août 1791; ..... 1828, 4 mars 1831.

souvent par l'escrime à la baïonnette à commandement et avec ensemble, dans une ligne ralliée en groupe, ou en sections; maintenant encore ses commandements, ses signaux, son esprit surtout, sont ignorés même de beaucoup d'officiers, et les inspecteurs qui lui accordent le plus de valeur aiment mieux ne pas la demander que de la voir exécuter d'une manière ridicule dans nos cours de caserne.

Une doctrine aussi immuable ou qui admettait seulement des progrès superficiels a laissé tous les enseignements de guerres répétées se perdre sans profit. De même qu'après 1815, à la suite de chacune de nos campagnes modernes, « les traditions, surtout de détail, utiles, indispensables, s'effaçaient. L'armée qui avait servi à se battre ne servait plus qu'à parader..... L'art militaire, en changeant de but, changeait aussi d'action et de langage; il créait des régiments, belles statues sans doute, auxquelles il ne manquait que la vie (1). » C'est ainsi que les corps rentrant après un long séjour en Afrique, ceux sur lesquels on devait le plus compter, ne semblaient pas à tout le monde devoir rendre de services tant que le régime commun ne leur avait pas fait perdre ce que la pratique leur avait appris.

Tandis que le commandement repoussait ainsi l'autorité de l'expérience, que lui seul pouvait utilement apprécier, l'armée n'en a plus voulu reconnaître d'autre. Mais elle ne prenait des faits qu'une vue superficielle. A la paix, ne retrouvant rien, pas même en intention, qui pût s'accorder avec ses souvenirs de guerre, dans le système auquel il lui fallait de nouveau se plier, elle ne le supportait qu'avec peine. Elle paraissait s'y soumettre; mais, en réalité, elle s'en reposait sur la conviction qu'elle avait acheté ses victoires au prix de son sang seulement, et que l'avenir n'aurait pas d'autre exi-

(1) De Brack; *Avant-postes*, pp. 12 et 135.

gence. L'abus de la théorie, détournée de son véritable rôle (1), « amenait la négation de la nécessité de l'instruction (2), et plus on faisait la guerre, moins on avait confiance dans les règlements (3). »

Avec l'instruction, le travail a été délaissé ; du moins il est resté souvent sans effet utile. Partout s'est répandue l'idée qu'il fallait, en temps de paix, tenir, occuper les hommes d'une manière quelconque, et en guerre laisser aller. Mainte fois on a pu reconnaître dans les camps que « les manœuvres n'étaient pas exécutées d'une manière réglementaire (4) » ou que « les troupes les mieux formées aux manœuvres théoriques n'avaient pas assez l'intelligence du métier et ne savaient pas appliquer ces mêmes manœuvres aux différents terrains, » et encore que « les branches principales de l'instruction étaient généralement sues, mais qu'elles n'étaient pas comprises, et que dès lors elles s'exécutaient mal dès qu'on sortait du champ de manœuvre ordinaire (5). » Pourvu que la troupe fît peu de punitions, on ne se préoccupait guère de ces défauts. Ils ont gagné même les cadres.

En effet, on reculait devant l'amélioration la plus simple, parce qu'on ne croyait pas pouvoir compter sur la valeur des officiers. Ainsi la suppression des précautions minutieuses dont on entourait les mouvements par inversion ou par le deuxième rang paraissait « exiger des chefs de peloton un

(1) « Ce qu'il y a de plus pernicieux, c'est que les méthodes nées d'un cas particulier survivent facilement à leur efficacité. C'est ce résultat que la théorie doit empêcher au moyen d'une critique lucide et rationnelle. » Clausewitz; *De la guerre.*

(2) « L'instruction qui n'a de rapport qu'avec le service de paix finit, par l'abus qu'on en fait trop souvent, par rendre les hommes moins propres à la guerre. » Gouvion Saint-Cyr ; *Mémoires*, p. xliij.

(3) Toureng ; *Esprit de nos institutions militaires.* (Conférence.)

(4) Camp de Châlons, 1861 ; *Spectateur*, 15 août 1861.

(5) Camps de Compiègne et de Châlons ; rapports d'ensemble manuscrits.

très-grand supplément d'intelligence et d'attention, dont ils n'étaient pas capables. » Elle n'était acceptée que pour l'artillerie, pour des machines commandées par des élèves de l'école polytechnique.

Ces officiers, qui inspiraient si peu de confiance, devaient s'élever cependant (1), poussés quelquefois par les seules circonstances. Avec eux, le mépris du travail, en dehors de ce qui était la lettre de l'ordonnance, et même quelquefois une parfaite insouciance à l'égard de cette ordonnance, pénétraient dans les hauts grades. On en est venu à ne pas s'étonner de ce qu'une commission de révision des manœuvres osât s'honorer d'avoir pu accomplir sa tâche « en travaillant exclusivement sur le règlement précédent, en ne consultant aucun autre ouvrage ou mémoire, en ne s'inspirant que de l'expérience de ses membres! »

L'apathie de l'intelligence ne pouvait tarder à se communiquer aux qualités morales, de sorte que l'état militaire, celui qui exige le plus d'activité, le plus de force d'esprit et de caractère, perdant une juste considération, pouvait passer pour le plus favorable à la paresse, à la routine et à la mollesse. L'habitude de ne pas examiner toujours le fond des choses, de se contenter des apparences de l'ensemble, a été certainement la cause principale qui a laissé se produire beaucoup de ces défaillances qui nous ont affligés par de trop nombreux exemples, et aussi cette indulgence qui les a couvertes, et qui n'est pas faite pour reconstituer l'armée sur des bases meilleures.

Examinons en dernier lieu, mais avec plus de détails, quels résultats la méthode générale a donnés en particulier pour l'instruction dans le service en campagne.

(1) « L'école préparatoire des chefs futurs est le temps passé dans les positions inférieures. » Waldersee, *Tirailleurs*, p. 141.

Personne ne le conteste, les qualités de nos soldats sont éminemment propres à ce service. Qu'ont fait nos règlements (1) pour en tirer parti? Pour la plupart provisoires, ils semblent avoir hésité à les exploiter, sans renoncer cependant aux améliorations qui étaient entrevues. Cependant, au lieu de progresser, ils se sont éloignés de plus en plus des principes convenables. Ainsi le règlement de 1832 s'est montré moins favorable que celui de 1823 à la participation intelligente des diverses fractions d'une troupe au service ou au combat; il n'a donné sur l'instruction dans les camps que des prescriptions moins précises (2). Il reste pourtant un chef-d'œuvre. Malheureusement, en s'élevant à la place qu'il occupe parmi les traités de tactique, il est devenu insuffisant pour les besoins pratiques, sans parler même de ces détails du service qui, actuellement, diffèrent de ses prescriptions (3). « Il a posé des règles, des principes, mais sans entrer dans aucun développement sur leur application, ce qui constitue une lacune grave. » Le soldat et le sous-officier ne le méditent pas, et parmi tant d'officiers qui l'apprennent une fois par an, tous en pénètrent-ils l'esprit? Ce règlement supposait un complément (4), souvent réclamé (5), mis de plus en plus en oubli à mesure que l'époque des grandes guerres s'est éloignée, jugé inutile quand de nouveaux succès ont fait croire qu'on pouvait bien se passer de lui.

Une méthode d'instruction nous manque; elle ne se trouverait nulle part, ni dans les règlements, ni dans la littéra-

(1) Règlements, ordonnances ou instructions de 1737, 1741, 1753, 1755, 1778, 1788, 1792, 1809, 1823, 1832.

(2) Règlement de 1823, titres XXI et XLIII.

(3) Service de semaine, dispositions des camps et bivacs, piquet placement des grand'gardes, etc., etc.

(4) Voir *Projet d'étude de la tactique* par le général B...., p. 19.

(5) Préval; *Du service des armées en campagne*. Thiébault; *Manuel des états-majors*.

ture militaire, ni dans les traditions. Et cependant, en général, on en sent fort peu le besoin.

En effet, en principe, « dans le règlement il ne peut être question de la pratique du service en campagne que sous forme de recommandation. » Personne ne s'en étonne et surtout n'observe la recommandation. On ne pense pas qu'il puisse exister quelque chose au delà de l'école théorique, complétée par quelques habitudes qui se perpétuent sans qu'on sache pourquoi. On se contente donc d'enseigner certaines formes analogues à celles du service des places pendant quelques séances dans la cour du quartier ou, en cas de mauvais temps, dans les chambres, séances partagées avec le prix des denrées, le nom des officiers et le numérotage. Si des exercices spéciaux sont ordonnés, ils profitent peu, parce que leur sens et leur importance ne sont pas généralement compris. Dans les camps temporaires mêmes, dont cette instruction est le but, nous savons à quoi elle aboutit. Elle est aussi négligée dans l'exécution que peu surveillée, pourvu que le service soit réparti, les ordres donnés, les gardes montées à l'heure prescrite, les postes placés quelque part et les rapports fournis régulièrement. Le service des avant-postes s'y apprend de la même manière que celui des éclaireurs, au moyen des avant-gardes dont nous nous faisons précéder dans les rues. La seule instruction pratique et la meilleure qu'on juge pouvoir donner est le service de place ; on dit, non sans raison, que « un service de place mal fait doit conduire fatalement à un service de guerre négligé (1) ; » mais on ne voit pas que les prescriptions du service des places seront un faux enseignement et qu'elles seront certainement mal exécutées, tant que le système, dont elles sont l'expression la plus complète, ne leur laissera pas l'apparence d'utilité pratique.

(1) *Instructions aux généraux belges*, 1866.

Pendant la guerre, les formes auxquelles on s'est exclusivement attaché sont encore moins comprises et moins bien observées; on s'en défait comme des formes tactiques. S'il est encore possible de les reconnaîtrė quelque part, c'est à l'intérieur du camp, où elles ne font qu'entraver le service général. Aussi les troupes françaises sont-elles, de toutes les troupes européennes, connues pour celles qui se gardent le plus mal. N'y a-t-il pas à ce fait une autre cause que leur caractère insouciant? Ne serait-ce pas un peu parce qu'on ne leur enseigne véritablement pas ce service, et que l'on compte sur l'habitude de la guerre pour les y faire.

Ce n'est pas qu'on ne puisse trouver dans les règlements des prescriptions générales qui devraient suffire à tout. Mais leur grand tort est de n'être pas suivies (1); elles ne l'ont pas été, elles ne le seront jamais, parce qu'elles sont une dérogation à l'ensemble du système. Les hommes que celui-ci a formés ne peuvent pas plus admettre l'étude vraie du service en campagne que l'action fractionnée du bataillon. C'est par un effet tout naturel qu'ils ont « repoussé les camps ou bien des camps fait des casernes (2); » qu'ils ont pris de simples apparences pour cet avantage, clairement aperçu cependant, de « pouvoir concentrer promptement des troupes déjà préparées au combat par des manœuvres d'ensemble et, en quelque sorte, tenues en haleine par la vie des camps (3). »

Comment, en effet, sans bouleverser toutes les idées reçues, placerait-on les troupes dans des conditions semblables à celles de la guerre? comment leur apprendrait-on à régler leur conduite d'après les circonstances et non d'après une

(1) « L'instruction pratique est vaguement prescrite dans les règlements, mais elle est le plus souvent négligée. » D'Azémar; *Système de guerre*, p. 71.

(2) Le Play; *Réforme sociale.*

(3) *Progrès de la France*, 1869, p. 82.

formule invariable? comment tolérerait-on des fautes, des erreurs, dans le seul but de les éviter plus sûrement à l'avenir? comment ferait-on voir, reconnaître, sentir, comprendre, juger dans les choses elles-mêmes ces principes, dont l'empreinte s'efface si vite de l'esprit, quand ils ne lui sont présentés que comme des abstractions?

Mais pour procéder ainsi il faudrait, comme nous l'avons vu, se donner pleine carrière dans le champ propre à l'individualisme du soldat et des chefs subalternes! il faudrait, après une instruction individuelle et minutieuse, abandonner la petite unité tactique à son initiative jusqu'à ce que le résultat même fasse nettement ressortir ses erreurs! il faudrait l'exciter à une activité indépendante absolument contraire aux procédés qu'on croit nécessaires pour l'éducation! il faudrait créer des circonstances de temps et de lieux toujours nouvelles, admettre des idées tactiques infiniment, subitement variables et compliquées, renoncer par là à une direction régulière, assurée, méthodique, désormais incapable de descendre à tant de détails imprévus et contrainte à s'en reposer, pour l'exécution, sur des inférieurs! On ne pourrait ni observer l'uniformité dans l'emploi du temps ni atteindre à ce bel ensemble que présentent toutes les fractions d'un même corps lorsque, à un coup de baguette magique, elles passent d'un exercice à l'autre, ni varier les occupations comme on le fait en mêlant les évolutions de ligne à l'école du soldat. On craindrait de compromettre le prestige de l'officier par une communication trop intime avec la troupe; on n'espérerait pas assurer une exacte, constante et trop difficile surveillance de la part des chefs supérieurs; on ne voudrait pas remplacer pour eux par un pénible travail de minutieuse et délicate observation la possibilité de juger d'un coup d'œil les résultats de toute une instruction. A aucun prix on ne consentirait à laisser les troupes s'écarter ainsi du type idéal qu'on s'en est fait.

L'autorité elle-même n'arriverait à rien si elle tenait à faire exécuter les indications sages, mais trop vagues, du règlement ou à encourager quelque tentative plus accentuée dans la même voie. Ses intentions ne seraient pas saisies à tous les degrés de l'échelle hiérarchique; beaucoup d'esprits prévenus feraient fausse route sans en avoir conscience ou hésiteraient, puis reculeraient découragés devant la première difficulté. Bientôt, si une éducation nouvelle ne leur était imposée, une résistance inerte ramènerait au système ancien.

De tels résultats peuvent bien faire penser que les avantages du système en faveur sont, tout autant que ses procédés, absolument théoriques.

Mais, il importe de le remarquer pour ôter toute valeur à des exemples dont on voudrait se prévaloir, ce système n'en est arrivé à ce point que par la suite des temps et à mesure des modifications que les conditions de la guerre ont éprouvées depuis le siècle dernier jusqu'au nôtre. Ses véritables auteurs, bien différents de leurs disciples, n'ont jamais eu dans la pensée qu'on dût le négliger en campagne et qu'il fût une simple école d'ordre et de discipline; dans l'action même ils pensaient pouvoir y persévérer; peut-être n'ont-ils jamais réussi, mais, en tous cas, l'époque où une semblable tentative leur était permise est bien loin de nous, et depuis longtemps le système n'a plus apparence de logique. Si la faute n'a pas été punie plus tôt, c'est que la lenteur des premières opérations permettait que l'instruction vraie des troupes se fît peu à peu et dans des conditions égales pour les deux partis; c'est que nous pouvions dès lors facilement devancer nos adversaires, et surtout que ceux-ci, partageant nos erreurs, ne savaient pas comme nous s'en dégager sur les champs de bataille.

Il y a plus : un véritable étonnement est réservé à qui cherche la part que les méthodes employées ont pu avoir dans nos succès passés. On voit alors que ce mode d'action auquel nous nous préparons encore exclusivement, que ces procédés d'instruction qui lui sont appropriés, quoique plus conformes autrefois à ce qui se passait à la guerre, n'ont à peu près jamais composé qu'un système théorique par son caractère, son but et ses résultats, système qui a été adopté et depuis conservé en raison de « l'habitude qu'on a des vues, ce qui fait si belle montre que peu à peu on en a déduit un ordre de combat (1). »

Déjà au siècle dernier les effets qu'on en avait espérés faisaient totalement défaut sur le champ de bataille; ils n'étaient pas meilleurs pour la discipline dans les circonstances difficiles, et pour le véritable esprit militaire (2). Saint-Germain pouvait peut-être avec raison dire, en prenant le ministère : « Le roi a la plus mauvaise infanterie qui soit sous le ciel, et la plus indisciplinée; » mais les moyens qu'il prit pour remédier à cet état de choses réussirent peu à la guerre,

(1) Maréchal de Saxe.

(2) « On reproche l'indiscipline au soldat parce qu'on ne peut lui faire reprendre des rangs et qu'on est obligé de marcher à l'ennemi ne faisant qu'une masse informe, toute la brigade pêle-mêle et confondue ensemble. » *De la subordination*, 1754.

« La ligne devenait une masse sans ordre, et les officiers et les généraux attendaient patiemment ce qui en résulterait et si cela finirait par le gain ou la perte de la bataille. » *Considérations sur l'art de la guerre*.

« Dans le temps même que l'on combattait en lignes pleines et serrées, les régiments manœuvraient séparément, en se conformant aux mouvements et aux alignements qui venaient de leur droite ou de leur gauche. » Duhesme; *Infanterie légère*, p. 138.

« L'armée même de Frédéric le Grand n'a pas toujours pu conserver au combat cette discipline tactique dont on est souvent disposé à lui faire honneur. » Boguslawski; *Ausbildung und Besichtigung*, p. 9.

Voir la lettre du maréchal de Noailles à Louis XV après Dettingen, le comte de Gisors, de C. Rousset, les *Préjugés* du prince de Ligne, p. 122; les *Mémoires* de Saint-Germain; l'*Encyclopédie militaire*.

et l'on sait quelles en furent les suites dans les premiers troubles de la révolution. Dès ce moment le système adopté était considéré, par les hommes les plus compétents, comme faux, insuffisant, inapplicable (1).

Il se maintint cependant par son propre poids ; il forma cette armée royale qui fut le noyau des forces de la révolution. Mais est-ce une raison pour qu'on lui fasse honneur de nos victoires à cette époque et sous l'empire? L'immense majorité des troupes n'en connaissait rien ; le reste sut bientôt l'oublier (2). Un état de guerre permanent en corrigeait le vice capital, et d'ailleurs nos ennemis le pratiquaient avec bien plus de rigueur encore que nous-mêmes (3). Nous n'avons remporté tant de succès qu'en inaugurant, d'inspiration, les principes de ces réformes vainement réclamées depuis, principes qui lui sont directement opposés (4), que

(1) *De la subordination*, 1754 ; *Mémoire sur l'éducation militaire*, 1785; pp. 83 et 78; *Essai sur l'esprit militaire*, vol. I, p. 180, et vol. II, pp. 105 et 116.

(2) « Les régiments de ligne n'avaient que l'instruction nécessaire à la parade et aux évolutions de paix. » Gouvion Saint-Cyr ; *Mémoires*, p. xxxvj.

« La théorie était aussi incomplète qu'aujourd'hui, mais elle n'entrait que pour un centième dans notre instruction ; les dangers, l'expérience de tous les jours se chargeaient des quatre-vingt-dix-neuf autres. » De Brack, *Avant-postes*, p. 476.

« L'état militaire mis sur pied n'en fit qu'à son inspiration, et l'on marcha aux frontières sans attendre les manuels. » *Histoire des institutions militaires pendant la Révolution*, p. 87.

(3) *Essai sur l'esprit militaire*, vol. VI, p. 61.

(4) « L'infanterie avait été exercée d'après l'ordonnance de 1791, qui est encore en vigueur aujourd'hui, malgré les défauts que son application à la guerre a fait reconnaître... Voyant qu'on ne pouvait manœuvrer devant l'ennemi de la manière qu'elle le prescrit, souvent on n'a pas manœuvré du tout. » Gouvion Saint-Cyr ; *Mémoires*, p. xliij.

« Les Français n'ont obtenu leurs succès prodigieux qu'en violant continuellement l'esprit de l'ordonnance. Que n'eussent-ils pas fait soumis à une autre mieux appropriée à leur génie ! » La Roche-Aymond ; mémoire manuscrit, Dépôt de la guerre.

« Quel général, quelque manœuvrier qu'il soit, pourrait dire qu'il a

nous avons enseignés à nos ennemis, et que nous leur avons abandonnés.

La tactique officielle (1) ne se retrouverait certes pas davantage dans nos luttes d'Afrique, de Crimée, d'Italie, ni dans notre manière de combattre en 1870. Elle paraissait avoir si peu de valeur qu'au début de chaque campagne, de même qu'à l'ouverture de chaque camp, les généraux se croyaient obligés de combler les lacunes des règlements par des instructions particulières (2). Mais ce n'est là qu'un indice affaibli du peu de services qu'elle rendait (3) et du

fait agir ou combattre une division ou une brigade par les manœuvres de l'ordonnance ? » Duhesme ; *Infanterie légère*, p. 138.

« Nous avons vaincu parce que notre armée était plus mobile, plus divisible que celle de nos ennemis. » Morand ; *l'Armée*, p. 125.

« Combien, dans nos armées, de succès brillants ne sont dus pourtant qu'à de simples officiers, à des soldats qui n'attendaient point d'ordre pour agir ! » Morand ; *l'Armée*, p. 177.

Vers 1800, « le caractère de la tactique était le mélange des armes combiné avec la grande importance morale laissée à l'individu. » Carrion-Nisas ; *Campagne en Allemagne*, p. 332.

« Jamais le soldat français ne dut valoir davantage par lui-même et n'offrit plus d'intelligence, plus de ressort, plus de ressources individuelles en tous genres. » Carrion-Nisas; *Histoire de l'art militaire*; vol. II, p. 48.

« En Espagne, où la guerre donnait plus de prise au développement des qualités individuelles, il a pu se former assez d'officiers et de généraux pour en approvisionner toutes les armées du monde. » Foy ; *Guerres de la Péninsule*, p. 161.

Voir Bugeaud, Renard, etc.

(1) « Nos rivaux conserveront ce que les dernières guerres leur ont appris. Mais, pour nous, tant d'expérience sera-t-elle perdue ? Quand l'heure des combats sonnera, faudra-t-il nous y présenter sans cette supériorité d'organisation qui nous a valu tant de succès ? » Morand, *l'Armée*, etc., p. 126.

(2) « Les Français n'ont pas réglementé l'action du bataillon de la même manière que nous, et, à notre sens, c'est une lacune dans leur ordonnance, car, en fait, les choses s'y passent comme chez nous. » *Instructions aux généraux belges*, 1866.

(3) Par exemple, après les instructions données aux divers camps en 1803, celle de Davout en 1807, etc., les instructions pour chaque période du camp de Châlons, les instructions tactiques données à Metz

mépris où on la tenait. Que de fois l'action a été mal conduite ou n'a pas été conduite du tout! Que d'exemples du mauvais emploi des armes et du terrain, fournis tantôt par l'oubli des principes les plus élémentaires, tantôt par l'observation trop fidèle des formes réglementaires (1)!

D'autre part, que de désordre et de confusion! Avons-nous quelque chose à perdre sous ce rapport? En mainte occasion, on a vu ces unités destinées, habituées à manœuvrer à la voix et d'ensemble, se partager aux quatre coins du champ de bataille en fractions qui elles-mêmes se dispersaient, entraient dans la lutte sans idée arrêtée et, confondues dans un inextricable pêle-mêle, n'obéissaient qu'à leur instinct. Tandis que les chefs, souvent par ordre de tout autre que leur supérieur direct, restaient privés de la plus grande partie de leurs troupes, celles-ci, sous l'impulsion d'impressions fugitives, ou se précipitaient en avant après un feu très-court, ou se dissolvaient, ou bien, étonnées, embarrassées de se voir livrées à elles-mêmes, flottaient au hasard, inutilement décimées (2). Jamais l'explosion de l'individualisme n'a pu être dominée ni dirigée.

Est-ce donc à notre système d'organisation, d'instruction, est-ce à la direction donnée pendant la paix et pendant la

en 1870, celles données par les généraux Ladmirault, du Bessol, etc., l'instruction au 6e corps, etc., etc.

« Contenir nos soldats, voilà un problème dont la solution n'est pas encore trouvée. » Bernaërt; *Conférence sur l'histoire militaire*, p. 20.

(1) « Toutes les fois que la position de l'ennemi exigeait qu'on lui fît face par un mouvement d'inversion, les généraux et les chefs de bataillon ont préféré exécuter les mouvements les plus dangereux, afin de se mettre dans ce qu'on appelle l'ordre naturel. Je sais positivement que des bévues de ce genre ont eu lieu devant l'ennemi. » Extrait d'un rapport du maréchal de Mac-Mahon.

(2) Ne peut-on citer plusieurs de nos combats les plus désastreux où le quart, peut-être le tiers de notre infanterie n'a pas tiré un coup de fusil?

guerre que l'opinion publique a pu, en France et en Europe, attribuer nos succès, ou bien est-ce à un puissant développement de qualités individuelles? Par malheur, comme il arrive fréquemment, allant au delà de la vérité, elle exaltait outre mesure ces qualités; elle les comblait de louanges imprudentes ou intéressées (1); elle y voyait le gage unique de la victoire. Devant les triomphes d'une initiative individuelle déréglée et si exagérée qu'elle touchait à l'indiscipline, mais favorisée par la fortune, acclamée par toutes les voix de la presse, élevée presque à la hauteur d'un principe, les plus prévoyants et les plus fermes pouvaient hésiter et ne savaient pas vraiment s'ils y devaient mettre un frein. Combien de fois cependant n'a-t-on pas songé avec effroi à la possibilité d'un à-coup dans le mouvement en avant qui maintenait seul un peu de cohésion dans nos armées victorieuses? Et, enfin, quels résultats ont donnés au premier échec des faits que l'on ne pouvait prévenir alors, parce qu'on n'avait pas su les prévoir?

Il n'est pas étonnant qu'un pareil système de préparation tactique n'ait cessé d'exciter la défiance et les plaintes et de sinistres prophéties. Sans remonter au maréchal de Saxe et à tant de projets éclos au siècle dernier, on trouve à chaque pas, dans l'histoire plus récente de notre organisation militaire, de nouveaux plans de réformes. A peu près tous, et parmi eux plusieurs avec une autorité incontestable (2),

(1) Prince Frédéric-Charles: *Mémoire militaire.*

(2) « C'est pour ne pas avoir de désordre qu'il faut souvent en parler; il faut le prévoir pour le prévenir. C'est pour cela que je veux une *école de désordre*... Il faut mêler les ailes, toutes les compagnies. Il faut savoir les remettre; *mais il faut les mouvoir comme cela.* Il faut se faire à la fumée, à la poussière, au vent; apprendre à y voir et à y entendre. » Prince de Ligne; *Fantaisies*, p. 86. (A rapprocher de Boguslawski, Scherff, etc.)

Projet de révision des manœuvres de Schauenbourg, 1795; *Disserta-*

cherchent à fixer les leçons de l'expérience, se rangent aux

tion sur l'ordonnance de l'infanterie en 1805 et *Évolutions par brigade en* 1814, du général Meunier.

« L'emploi de l'infanterie légère est le dernier perfectionnement de la guerre et, à la rigueur, on pourrait se passer d'infanterie de ligne dans les armées. » Bulow; *Esprit du système de guerre moderne*, pp. 78 et 87.

« Tout exercice est futile s'il ne tend pas directement à son but et s'il n'est pas une image de ce qu'on attend des troupes dans un combat. » Bardin; *Dict.*, v° *Exercice.*

« Les manœuvres données par ce règlement (1791) ne sont exécutables qu'en terrain horizontal, qui se rencontre rarement à la guerre; une partie ne peut être employée que loin de l'ennemi. On ne peut faire l'application de ses principes à des lignes sans produire le désordre, sans une perte de temps considérable et sans fatiguer les troupes. » Rapport de la commission de révision du règlement de 1791 en 1806.

Projets de Napoléon; *Correspondance*; vol. XXXI, p. 511.

« Puisque dans les batailles le feu de l'infanterie finit par dégénérer en tiraillerie, je ne vois pas pourquoi je ne serais pas en droit de dire qu'il faut la dresser à ce manége, et pourquoi je ne préférerais pas un corps de tirailleurs organisés à celui qui deviendrait tel par la force des circonstances. » Poinchevalle; *Manœuvres d'infanterie*, p. 128.

« Si l'une des deux manières doit être abandonnée et mise de côté, il faudrait renoncer plutôt à l'infanterie de ligne, parce qu'il est de fait qu'on peut s'en passer dans le système moderne. » *Idem*, p. 87.

« L'esprit du nouveau système de guerre exigerait que le nombre de l'infanterie légère l'emportât. » *Idem*, p. 102.

« Une compagnie de cent voltigeurs, bien exercés et bien disposés par leurs officiers, fait plus de mal dans les rangs ennemis que les feux collectifs du bataillon entier. » Duhesme; *Infanterie légère*, p. 148.

« Presque toutes les évolutions de ligne ne sont, en général, que de belles parades. » *Idem*, p. 138.

« Ce serait peut-être trop exiger que de demander la réforme de tout ce qui est inutile ou dangereux à la guerre, mais qui rendrait nos parades moins brillantes et diminuerait le plaisir des princes qui s'en font des hochets, avec lesquels on leur persuade qu'ils acquièrent la connaissance de la guerre. » Gouvion Saint-Cyr; *Mémoires*, p. 16.

« D'une disposition plus convenable des diverses armes, d'une tactique fondée sur la seule et vraie connaissance du terrain et sur l'application des règles de la fortification à ce même terrain, il résultera une nouvelle époque dans la tactique... Ses résultats seront d'autant plus assurés que l'exécution des mouvements sera et plus simple et plus rapide, fondée sur l'expérience et non plus sacrifiée à la charlata-

idées soutenues par les Saint-Cyr, les de Brack, les La Roche-

nerie. » La Roche-Aymon; mémoire manuscrit, Dépôt de la guerre.

« L'effet du feu à commandement est quasi nul... Les masses ne servent qu'à vaincre les yeux et à forcer, par leurs mouvements bien combinés, l'ennemi à partir sans qu'elles en viennent presque jamais aux coups avec lui. » Mémoire manuscrit de 1818, sur l'instruction de l'infanterie, Dépôt de la guerre.

« Il ne faut pas que le soldat se croie perdu parce que son bataillon est rompu. Il doit savoir combattre en désordre, s'il est nécessaire. » Autre mémoire.

« Il vaut presque toujours mieux combattre en désordre que de chercher à rétablir l'ordre. » Autre mémoire qui peut être attribué au colonel Bugeaud.

« On fait pour la guerre ce que ceux qui ont fait la guerre n'y ont jamais vu exécuter. » Pagezy de Bourdéliac ; *Loisirs du soldat*, 1822.

« En substituant le combat d'homme à homme à l'action des masses, il n'y a pas de corps de cavalerie qui ne trouverait une destruction entière au lieu même où tout semblait lui assurer la victoire. » Mémoire manuscrit des généraux Thiébault et Achard, Dépôt de la guerre.

« Ce gros volume de l'ordonnance, qui est le tourment des officiers, l'occupation de toute leur vie, l'admiration des ignorants, serait réduit à quelques pages et, au lieu de ces manœuvres diverses et nombreuses qui, dans leur exécution, mettent un corps de troupes dans un état de désordre et de faiblesse, on n'aurait qu'une seule et unique méthode, qui donnerait l'avantage d'être toujours en état de défense et de combat. » Morand ; *l'Armée selon la Charte*, p. 145.

« Il faut chercher sur nos champs de bataille les causes qui nous ont donné la victoire et les causes de nos revers plutôt que dans nos règlements, qui ne représentent que les connaissances de l'époque où ils ont été rédigés, plutôt que dans des combinaisons qui se rattachent à des armes, à des mœurs, à des nécessités politiques qui n'existent plus. » *Idem*, p. 126. Voir aussi les pages 152, 187, etc.

« Il ne serait pas sans danger de considérer la masse des simples soldats comme inerte. » Préval *Du service en campagne*, p. 14.

« Les trois premières années suffiraient même et au delà si l'on voulait simplifier les exercices mécaniques, renoncer à cette régularité du maniement d'armes, au pas ordinaire, aux feux réglés et à plusieurs autres choses inutiles à la guerre, pour s'attacher aux choses pratiques, lesquelles sont bien rarement enseignées dans nos régiments » Bugeaud.

Voir en outre, au Dépôt de la guerre, le mémoire manuscrit : Principes mécaniques et moraux du combat d'infanterie, et dans la foule des rapports et travaux soumis au comité, ceux des généraux del Duero, Lourmel, Decaen, Trochu, Bourbaki, Ducrot, Mac-Mahon, etc.

Aymon, les Morand, les Bugeaud, les Bourbaki, les Mac-Mahon, reconnaissent la puissance du feu, et prennent pour but l'instruction pratique et individuelle en vue de l'action fractionnée des unités tactiques.

Tantôt la routine et l'attachement au système de l'enseignement théorique, bien plus commode pour tous, mais faux par cela même, ont fait le silence sur ces questions, tantôt les événements ont mis fin à toute discussion. Toujours s'est trouvé quelqu'un pour écrire le mot de pathos en marge de la proposition la plus sérieusement présentée et signée du nom le plus glorieux, et pour répondre ensuite plus poliment, en se couvrant au besoin du nom d'un souverain qui ne s'en occupait guère, que les instructeurs, les officiers n'étaient pas préparés, qu'il ne fallait pas leur imposer trop de travail, qu'il était impossible aux généraux, après trente ans de service, d'apprendre de nouvelles manœuvres, que l'ordonnance entière serait à refondre, et que c'était une œuvre impossible, que le temps seul pouvait amener un changement, et autres fins de non-recevoir si extraordinaires qu'on n'oserait les répéter s'il n'était pas bien facile de donner les preuves à l'appui. Il n'est pas de règlement dont on n'ait dit officiellement, jusqu'au moment où il a été tout à coup remplacé sous un motif nouveau, qu'il était bon et qu'on n'en saurait faire de meilleur ; il n'en est pas qui n'ait été longtemps regretté, surtout par ceux qui ne l'avaient jamais su et n'en voulaient pas apprendre d'autre.

Aussi en sommes-nous toujours à demander qu'on nous fasse sortir des errements du siècle passé. Quelle occasion pour se plaindre de la mobilité de l'esprit français ! mais aussi quelle preuve de l'immobilité de l'esprit militaire en France !

Pourquoi donc, lorsque tant de zèle se manifeste dans l'armée, s'en tiendrait-on à un système qui a ainsi manqué son but et pour l'action, et pour les parties les plus essentielles de l'instruction, et pour la discipline; à un système qui ne paraît pas susceptible de s'améliorer par une application plus rigoureuse, et dont les principes, étendus aux différentes armes, au recrutement, à l'administration, à la justice, au choix de la tenue, etc., etc., entraînent partout, comme il ne serait pas difficile de le montrer, des conséquences tout aussi détestables? Quels motifs a-t-on pour espérer de lui à l'avenir ce qu'il n'a pu donner dans des conditions bien plus favorables? Le système contraire n'exclut nullement, comme on affecte de le croire, la rigueur de la discipline, l'observation stricte des formes nécessaires, la cohésion loin du feu et, dans les limites du possible, sous le feu, la dépendance hiérarchique, l'obéissance absolue, qui est préférable à l'obéissance passive. Sans imprudence on peut en faire l'essai : jamais on n'aura pires résultats que dans le passé.

Pour ce qui est du service en campagne, de crainte de faire un premier pas vers des réformes plus radicales, on accumule les objections contre la méthode d'instruction; on grossit les difficultés réelles, mais non pas invincibles, qu'elle rencontre.

Quelques-unes de ces objections sont puériles, elles dispensent cependant d'approfondir la question et ne laissent pas que d'agir fortement sur l'opinion.

Ce qui est proposé, dit-on, nous viendrait de l'étranger; cela n'est pas français. Mais c'est au contraire le système que nous suivons qui n'est pas national : il ne l'est pas par son origine, il ne l'est pas devenu par une heureuse et constante application. Nous l'avons pris tout fait aux Prussiens. Pour que nous soyons en droit de nous l'approprier, il faudrait n'avoir pas cessé de nous en écarter dans l'application.

C'est, en réalité, notre bien que nous devons reprendre; car le point de départ des nouvelles méthodes qu'emploient les Prussiens est dans les procédés d'action qu'ils nous ont vu inaugurer lorsque nous avons abandonné les leurs pendant les guerres de la révolution et de l'empire, et dans ceux tout semblables qui nous ont servi depuis lors et qu'ils suivaient d'un œil si attentif. Afin de nous les opposer avec une régularité et une sûreté que, agissant d'instinct, nous ne savions pas y apporter, ils en ont introduit les conséquences dans l'instruction; nous nous efforcions dans le même temps de nous astreindre à ceux-là mêmes qui étaient le plus contraires aux causes de nos succès, D'ailleurs il s'agit de méthodes tactiques, non de méthodes françaises, allemandes ou italiennes; elles sont bonnes pour tous si elles sont vraies; elles appartiennent à qui sait les employer et surtout les améliorer. La manière de se distinguer des étrangers utilement et honorablement est non pas de rejeter ce qu'ils font de bien, mais de le faire mieux qu'eux.

On pose en principe que la tactique et, par suite, l'instruction dépendent de l'organisation, lui sont subordonnées. On s'autorise de cette idée absolument fausse pour repousser des innovations qui ne semblent pas cadrer avec notre organisation actuelle. Sur ce dernier point on a certes raison : c'est précisément ce que nous avons cherché à démontrer. Mais a-t-on donc tant de raisons pour tenir à cette organisation après en avoir vu les résultats, et ne sommes-nous pas dans un de ces moments où une volonté éclairée et énergique aurait le droit, le pouvoir et le devoir de tout changer pour regagner l'avance que nous avons perdue (1)? Quant à

(1) « Quand tout périt, il en coûte moins de rebâtir. Aujourd'hui Frédéric-Guillaume peut trancher dans le vif; tous les amours-propres sont muets; chacun plie sous le poids du malheur public et sa propre nullité. » *Matériaux pour servir à l'histoire des années* 1805, 1806 et

toute opinion qui prend pour point de départ l'intégrité de nos institutions, on a peine vraiment à l'accorder avec le sens commun, qui n'a, paraît-il, guère fait de progrès dans les armées depuis le siècle passé (1). Quel serait donc le but de l'organisation militaire? Son utilité pratique seule la motive, la justifie et permet de l'apprécier. Si quelqu'une de ses parties ne se prête pas à des nécessités reconnues, c'est à elle de céder, en dépit de toute autre considération; il ne peut s'élever contre elle d'argument plus irréfutable.

On se rejette sur le caractère national; on ne veut pas qu'il puisse s'accommoder d'institutions qui ont eu un bon effet ailleurs; on n'admet pas qu'il donne de précieuses garanties, à la condition qu'au lieu de comprimer à la fois ses défauts et ses qualités, on sache développer celles-ci jusqu'au point où elles pourraient devenir un danger. Mais il faudrait prouver que le système actuel convient davantage, ce que démentent et l'histoire et notre propre expérience et les appréciations les plus autorisées. Il n'est pas du reste question de calquer des institutions étrangères, mais de les adapter à la fois à nos besoins et à nos aptitudes, en s'en tenant seulement à leurs principes, que des faits matériels imposent également et inévitablement à toutes les nations.

On n'oublie cependant pas complétement des qualités que reconnaissent nos ennemis eux-mêmes. On dit qu'elles subviendront à tout ce qui ferait défaut dans l'instruction et l'éducation des troupes; on compte sur elles comme sur une dernière ressource pour le cas où les moyens dont on ne veut pas se départir seraient impuissants. A notre tour, nous dirons que c'est faire trop de fond sur des avantages

1807; brochure publiée en Prusse en 1808 et citée par Lahaussois : *l'Armée prussienne.*

(1) « Le sens commun, qui s'absente si souvent, par je ne sais quel sort, de toutes les armées. » Prince de Ligne; *Préjugés*, p. 172.

qui ne valent pas une véritable instruction. Il faut ne rien exagérer et se tenir en garde contre les « mots à la française. » Deux de ces mots résument sur notre sujet les deux opinions opposées poussées à l'excès ; on se trompe quand on espère « faire sortir des armées de terre en frappant du pied, » car on obtient ainsi des hommes, mais non pas des soldats ; on se trompe encore quand on regarde « le maître d'école comme le vainqueur de Sadowa, » car ce vainqueur, c'est en réalité le capitaine prussien (1). La vérité est que, quels que soient nos instincts, une instruction spéciale est indispensable pour le service en campagne. « Elle doit prendre le pas même sur les exercices de combat (2). » Certains peuples pourraient s'en passer, le Cosaque, l'Arabe et le Kabyle, le sauvage. Pour eux, les facultés qui tiennent lieu de cette préparation sont la condition d'une existence qui s'écoule tout entière, pour ainsi dire, dans l'état de guerre. Il est nécessaire de les faire revivre chez notre soldat, qu'une sécurité complète et des travaux sédentaires ou paisibles, puis une éducation militaire uniquement préoccupée de l'ensemble, détournent des exigences du service en campagne ; il est nécessaire de lui enseigner le plus possible non-seulement de « ce qui s'apprend de la guerre, » mais aussi de « ce qui se devine, » de l'exercer de telle manière qu'il ne se trouve pas dépaysé quand il passera de l'état de paix à l'état de guerre. L'instruction de la troupe consistera à coordonner l'effet de ces facultés individuelles. Négliger ces soins, s'en reposer sur des dispositions naturelles, incultes, c'est se livrer désarmé, aujourd'hui surtout que chez tous nos voisins l'art militaire, mieux compris, recherche jusque dans leur origine les gages de la victoire avec une prévoyance attentive et à l'aide d'un travail persévérant.

(1) *Bildung und Mannszucht*, p. 23.
(2) *Instruction tactique de l'infanterie italienne*, p. 97.

Compterait-on encore pour donner cette instruction sur les premières opérations de la campagne? Nos soldats se forment vite sous l'empire de la nécessité; mais on sait bien que les chemins de fer ne leur laisseraient pas le temps nécessaire, pas plus qu'ils ne permettraient de disposer à l'aise tous les détails d'organisation, d'administration, etc., etc., qui constituent le passage du pied de paix au pied de guerre. Ce passage doit être insensible en toutes choses. Pour y arriver, il faut exiger entièrement et absolument tout ce qui peut être utile contre l'ennemi; c'est déjà trop difficile à obtenir pour qu'on se permette de demander davantage.

Craint-on de ne pas trouver le temps de se livrer à une instruction assez minutieuse pour qu'elle porte ses fruits? Mais la méthode ancienne cesserait, à plus forte raison, d'être applicable : elle exige un temps bien plus long pour produire ses effets (1), parce que l'individu n'en a pas conscience. De bons résultats sont obtenus ailleurs en deux ou trois années, et nous ne les atteindrions pas dans le même temps de service, bien plus en cinq ans! On peut faire beaucoup pour préparer l'individu avant son arrivée sous les drapeaux, de manière à ce qu'il n'y ait alors à s'occuper que de son instruction militaire. On peut aussi prendre sur les exercices inutiles bien du temps, que l'on consacrera aux exercices indispensables (2). Éluder cette difficulté est d'ailleurs impossible; il faut la résoudre, car les mêmes causes qui nous imposent un nouveau genre d'instruction sont aussi celles qui forcent à abréger le service. Ces deux nécessités sont inséparables. Or, il vaudrait mieux n'avoir pas d'armée que de ne pas l'instruire convenablement (3).

(1) Dès 1868 on reconnaissait l'impossibilité d'appliquer la méthode usuelle dans les conditions de la nouvelle loi. Voir *Tactique de l'avenir*, 1868.

(2) Voir Waldersee; *Instruction du tirailleur*, p. 122.

(3) Voir Lewal; *Réforme de l'armée*, p. 512.

On se prévaut des succès que nous avons remportés sans le secours des innovations proposées et de la consécration qu'une longue expérience semble donner au système qu'elles tendent à remplacer. Mais ces succès n'auraient-ils pas été plus certains, plus décisifs et plus rapides, si les seuls moyens qui ont été employés à la guerre avaient été préparés par une éducation convenable? La fortune ne nous a-t-elle pas abandonnés lorsque, pour la première fois, nous avons eu à lutter contre le système contraire au nôtre? Que parle-t-on de long usage à propos de ce qui n'était pas, de ce qui ne pouvait plus être pratiqué en campagne? Cette vétusté même est motif à condamnation. Les réformateurs du XVIIIe siècle ont-ils cru pouvoir revenir, ainsi qu'on le proposait, aux traditions de l'antiquité ou à celles de Marignan et de Cérisoles, ou de Rocroy et de Nordlingen, ou même à celles de Steinkerque et de Nerwinden? les découvertes modernes n'ont-elles pas renouvelé tous les procédés de l'administration, du commerce, de l'industrie, de la science? ceux de l'art militaire seuls se seraient précisément à notre époque définitivement fixés! Il est vrai : « le progrès n'est que la pratique des vérités découvertes et consacrées par le temps; » mais « pour que ce progrès soit véritable, il faut que jamais on ne s'arrête dans la voie des recherches et des expériences (1). » Qui néglige cette condition reste stationnaire. Or, pour une armée, s'arrêter c'est reculer d'autant plus loin que les modifications apportées aux conditions de la guerre sont plus profondes et plus générales. Par cela même qu'un système tactique a été bon jadis, il doit être regardé aujourd'hui comme détestable si ses traits principaux sont intégralement maintenus.

On se retranche dans des hypothèses pour infirmer des ex-

(1) Général de Brandt.

périences, hélas! trop concluantes, et l'on avance que le nombre a seul, avec l'artillerie, décidé le sort de la dernière guerre; on dit qu'en cas de succès, nos défauts ne se seraient pas tant montrés et qu'on n'en ferait pas tant de bruit. Par ces raisonnements on avoue l'importance de la supériorité numérique et l'influence prédominante des nouveaux moyens matériels, c'est-à-dire et la nécessité du service court, par conséquent d'une méthode d'instruction particulière, et celle des formes tactiques déterminées par la puissance de ces engins. En outre, on oublie un peu trop vite mille faits, ou généraux ou de détail, qui trahissent notre insuffisance dans l'organisation, la direction et l'exécution, et qui ont donné raison à tant d'avertissements imprudemment méprisés. Nos défauts étaient-ils réels? La victoire n'aurait fait encore une fois que les aggraver, que les perpétuer. Nous n'aurions pas manqué dans la guerre suivante d'en porter la peine.

Deux objections plus graves sont celles qui s'élèvent en vertu de l'esprit du système d'instruction théorique. Mais c'est déjà faire un grand pas que de lui enlever son influence occulte, d'amener ses partisans à le raisonner, à présenter des arguments, à accepter la discussion.

Ils ne veulent pas d'une imitation trop fidèle de la guerre pour ne pas compromettre l'action d'ensemble par les soins qu'il faudrait donner à l'action individuelle, la discipline par l'importance que prendrait à tous les yeux l'initiative particulière.

On ne peut le nier, l'habitude d'actions isolées, en apparence indépendantes, qui, surtout par le fait d'une instruction incomplète, échappent fréquemment à la direction et à une surveillance de tous les instants, est une mauvaise préparation à l'ancien mode d'action. Mais veut-on n'en pas changer? Il faut alors reprendre la discussion au point de départ.

Heureusement ils sont peu nombreux ceux qui, cherchant un prétexte, veulent paraître s'effrayer d'un mot tel que l'*individualisme*, et lui donnent un sens que personne ne songe à lui attribuer, ou ceux qui, se refusant à l'évidence, pensent que rien n'est modifié dans la tactique et dans les *facteurs* de la puissance militaire. On consent en général à rechercher dans l'action des masses non plus l'ensemble, mais le concert, aussi intime que les circonstances le permettent, des efforts individuels. Le problème qui se pose dès lors consiste à trouver, comme le comble de l'art, les moyens d'utiliser le fractionnement des unités tactiques poussé, dans certains cas, jusqu'à ses dernières limites, ceux de faire régner toujours une pensée commune, une liaison assurée, un ordre réel dans un désordre apparent, inévitable mais prévu ; enfin ceux de régler, sans qu'on ait à les détruire comme autrefois, sans qu'on ait à les exciter beaucoup, comme il est nécessaire en Allemagne, l'intelligence des situations et « une volonté propre, une impulsion personnelle, la tendance à aller en avant (1). » Le but de l'instruction devient plus difficile à atteindre ; on dispose de moins de temps ; il faut évidemment s'aider de procédés nouveaux (2). Ceux-ci sont tout indiqués par les principes tracés jadis pour l'infanterie légère, principes qui, pour elle, ne semblaient alors ni antifrançais, ni inutiles ou inapplicables, ni propres à engendrer le désordre et l'indiscipline. La tradition ancienne ne sera pas d'ailleurs entièrement négligée : lorsque les individualités seront formées comme elles doivent l'être, elles ne s'en trouveront que mieux préparées à toute espèce d'action, même à celle d'ensemble, pour les cas où il sera possible de la maintenir.

(1) *Opinion d'un officier supérieur allemand*, etc.

(2) « Le meilleur moyen de régulariser l'élan est d'avoir des règlements qui ne soient ni incomplets, ni compliqués. » *Spectateur militaire*, 15 décembre 1859.

Quant à la discipline, si elle reste une question de formes, sans passer par des épreuves suffisantes, elle peut être souvent compromise tantôt par une dureté sans sujet, tantôt surtout par une faiblesse coupable ; il n'en paraît rien au dehors ; elle n'en conserve pas moins dans l'état normal des apparences trompeuses qui recouvrent, sans les modifier en rien, les dispositions naturelles, aussi bien les pires sentiments que les qualités les plus heureuses, mais trop instinctives pour être bien affermies.

On a confondu deux sortes de discipline.

La première s'établit aisément, en temps de paix, par la force. Elle est certainement nécessaire à l'existence de l'armée ; elle parvient à amender bien des récalcitrants ou elle les supprime ; mais c'est d'eux seuls qu'elle s'occupe. Quelle influence réelle exercerait-elle sur la masse honnête, dévouée, bien intentionnée, qui ne s'expose jamais à ses rigueurs ! Au moyen de quelques exemples, elle l'empêche peut-être de se gâter, mais elle ne l'améliore pas en prévision de moments plus difficiles. Quand viennent ces moments, en campagne, la discipline de caserne, désarmée et inutile désormais, se trouve ne plus rien pouvoir contre les uns et n'avoir rien fait pour les autres.

D'ailleurs, dans l'état de nos mœurs, avec des armées aussi nombreuses que les nôtres et composées comme elles, la discipline peut encore se définir, mais non plus se pratiquer comme autrefois (1). En outre, nos divisions politiques la menacent sans cesse : ce sont elles surtout qui font oublier son véritable objet, la guerre : tandis qu'un parti s'efforce de

(1) Prince de Ligne ; chap. *De la discipline* : « Pendu au premier arbre. Cent coups de bâton dans l'occasion. Les officiers cassés pour la moindre faute. Point de procès et presque point d'examen aux avant-postes. » C'est tout le chapitre.

la détruire, l'autre, tout effrayé (1), se persuade que rien n'est plus à demander au soldat lorsqu'il a été enfin amené à dire : « Mon village, à moi, c'est mon drapeau (2). » Influence funeste pour l'armée (3), qui parviendrait rapidement à hauteur de sa tâche si toute considération étrangère était exclue des questions militaires ; qui, bonne alors contre l'ennemi, serait excellente à l'intérieur.

Il est donc heureux, pour que la discipline de paix elle-même puisse s'affermir, que ses procédés ne soient pas immuables. Elle repose uniquement sur l'observation exacte de règles quelconques. Certaines des prescriptions qui la déterminent sont arbitraires et peuvent devenir plus pratiques sans qu'elle en souffre la plus légère atteinte. Bien au contraire, que ne gagnerait-elle pas à des innovations qui feraient comprendre à tous combien son joug est nécessaire dans les opérations les plus élémentaires (4), qui entraîneraient dans l'organisation des réformes plus utiles pour elle mille fois que tous les petits moyens accumulés jusqu'ici sans avantage réel (5), qui, loin de diminuer sa rigueur, auraient pour condition essentielle, la plus difficile peut-être à remplir pour nous, une énergie extrême dans la répression de

(1) « Du jour où une mauvaise organisation jetterait du vague dans la force et dans l'esprit de l'infanterie, il n'y aurait plus de gouvernement possible en France. » *Idées générales sur l'organisation de l'infanterie*; mém. mss.; collection Préval.

(2) Gémeau; *Organisation de l'armée.*

(3) Voir une lettre du feld-marshall Burgoyne, *Times*, Février 1871.

(4) « La discipline ne ferait que gagner si le soldat voyait un but utile et sérieux à tout ce qu'on exige de lui. » *Spectateur militaire*, 15 juin 1859.

« Pour conserver la discipline, le premier des moyens consiste à élever l'intelligence des soldats. » Morand; *l'Armée*, etc , p. 69.

(5) « On enlève le grand ressort de la machine et l'on multiplie les petits moyens, dont le nombre est le signe certain de leur faiblesse et en atteste toujours l'impuissance réelle. » *Mémoire sur l'éducation et la discipline militaires*, p. 34.

tout écart et de toute faiblesse, de tout cas d'insuffisance, en quelque rang qu'ils soient découverts. Ne doit-on pas être convaincu qu'elle trouve son plus solide appui dans les sentiments qui, à de rares exceptions près, animent la masse de nos admirables soldats, alors qu'on l'a vue, quelque créance qui ait été accordée à des plaintes intéressées, se maintenir ou renaître, ainsi qu'elle l'a fait, d'elle-même, au milieu des circonstances les plus désastreuses, dans un abandon presque complet, malgré d'odieuses excitations, de pernicieux exemples et l'absence de toute répression.

La discipline de paix peut s'améliorer, mais elle a surtout besoin de se compléter. Elle n'est, pour cette autre discipline qui doit se perpétuer en campagne et jusque sous le feu, qu'une préparation indispensable, une garantie : elle ne la produit pas nécessairement.

Dans les conditions et au milieu des épreuves qui lui sont imposées de nos jours, la discipline de guerre ne peut se maintenir que si « elle naît du soldat lui-même (1), » que si elle est intelligente et volontaire (2). Elle a eu jusqu'à présent pour objet de « transformer en un mouvement réfléchi, calculé et enseigné par l'expérience et la pratique au soldat vétéran, cet instinct qui porte le conscrit à se serrer dans le rang pour ajouter à sa force la force de son camarade (3). » Elle doit maintenant faire subir une pareille transformation à cet instinct contraire qui porterait le même conscrit à s'isoler pour mieux tirer parti de son feu et mieux se garantir du feu ennemi ; elle doit habituer l'individu, dans les mille circonstances où il sera livré à son initiative, à ne s'y abandonner qu'autant qu'il est nécessaire pour ne pas nuire à ses

(1) Waldersee.
(2) Voir Lundighausen : *les Armées allemandes*, § 189.
(3) Foy ; *Guerres de la Péninsule*.

moyens d'action, à raisonner non l'obéissance, mais la manière d'obéir (1).

La discipline n'a pour cela rien à modifier dans cette base, qu'elle se crée elle-même, l'esprit militaire : connaissance du devoir et volonté de l'accomplir, fidélité inébranlable au drapeau, sentiment délicat de l'honneur, respect de soi-même et de sa position, confiance en soi, en ses chefs et en ses subordonnés, abnégation et esprit de sacrifice pour tout ce que commande le bien général, relation intime entre tous les membres d'un même corps, etc. Elle doit seulement porter toutes ces qualités à un plus haut degré et en même temps les généraliser. Pour que l'armée résiste à toutes les causes de dissolution qui la menacent en paix comme en guerre, il faut que le dernier soldat soit animé de ces nobles sentiments ; pour que celui-ci les possède, il faut qu'ils lui soient inculqués par l'enseignement et par l'exemple. Les anciens moyens ne peuvent y aider que faiblement et trop lentement ; avec eux, l'intelligence des éléments nouveaux qui entreront dans l'armée ne serait qu'un grave danger.

Tout en repoussant les objections que nous avons passées en revue, nous ne pouvons nier qu'il ne subsiste des obstacles très-réels à la mise en pratique immédiate de la méthode d'instruction dans le service en campagne.

Avant tout, sous peine de retomber dans le vague où elle a toujours été laissée, elle doit ne pas rester isolée ; elle doit se détailler, se préciser dans des prescriptions formelles, qui

(1) « Le soldat raisonnant sera assez raisonnable pour n'être pas raisonneur. Qu'on pardonne ainsi à ceux qui ont le malheur de réfléchir, et qu'on n'appesantisse pas la main sur eux avant de savoir si, par le raisonnement même, par des représentations, des encouragements, des exemples, on ne peut pas les exciter à l'honneur. » Prince de Ligne ; *Préjugés*, p. 92.

se coordonnent avec tout un système d'éducation, d'instruction générale et d'action fondé sur des principes analogues aux siens (1). La grosse difficulté, qui oblige à de longs tâtonnements et à une grande prudence, réside certainement en cette nécessité d'abandonner, dans l'ensemble des règlements, la théorie pour la pratique, et d'introduire partout et franchement les principes du mode d'action actuel. Mais aussi là se trouve la solution de toutes les difficultés de détail qui, en l'état présent, arrêtent à chaque pas, et qui, à ces conditions, disparaîtraient peu à peu et tout naturellement.

Quand les bases de ce système nouveau seront connues, *exposées aux premières pages de notre ordonnance* de telle manière que personne n'ose s'en écarter, il restera à formuler ces connaissances d'ordre tactique plus ou moins élevé pour lesquelles nos règlements s'en remettent à des études personnelles ou à l'expérience ; il y aura à les disposer à la portée de qui doit s'en servir et y reconnaître des règles générales applicables à tous les cas. On se trouvera constamment, dans ce travail, placé entre deux écueils : rédiger des préceptes trop absolus, les multiplier par conséquent et en composer une œuvre qui serait immense sans jamais être complète, et qui s'éloignerait plus que toute autre de la méthode

(1) « Ce règlement est à faire en entier ; il dérangera l'échafaudage du premier ; son esprit lui est diamétralement opposé. » *Tactique de l'avenir*, 1868, p. 32.

« Ce besoin (les exercices pratiques) est signalé dans nos règlements mais les choses se passent rarement de la sorte. S'il en a été ainsi jusqu'à ce jour, c'est qu'aucune instruction précise, obligatoire pour toute l'armée, n'a déterminé le plan, la progression à suivre, les règles à observer dans tous les détails. » Prescriptions relatives aux exercices d'application du 6e corps.

« La première condition du succès, c'est de suivre des principes sains qui, pareils à un fil rouge, seraient développés tout le long de nos règlements, sans qu'on ait la possibilité de les sacrifier à une commodité momentanée ou à des considérations secondaires. » *De la responsabilité à la guerre*, p. 29.

pratique, ou bien se restreindre à un trop petit nombre d'indications; tandis que pour forcer les volontés, pour réformer les intelligences faussées, des prescriptions détaillées et impérieuses sont indispensables. Mais pourvu que le point de départ et le but soient bien déterminés, pourvu que des détails d'organisation et des considérations non militaires ne viennent pas gêner le travail, nous ne devons pas plus que d'autres désespérer de trouver à des idées vraies une expression juste et qui soit partout comprise. Nous avons pour nous guider les grands écrivains militaires et de fréquentes expériences, la littérature étrangère et les études déjà faites en France, enfin les règlements de l'Autriche, de l'Italie, de l'Allemagne, de la Belgique, etc., modèles que leurs défauts et les propriétés de l'esprit français nous permettent de dépasser aisément.

Quant à l'exécution, il paraît difficile, en France, de faire prendre au sérieux des exercices qui ne sont qu'une représentation fort inexacte de la guerre; mais jusqu'ici il a été vraiment trop aisé de voir combien peu d'importance leur était accordée. Ils seront compris et exécutés mieux que partout ailleurs lorsque nos troupes, habituées à deviner la pensée de leurs chefs, verront ceux-ci y apporter un intérêt réel. On parvient bien à faire prendre au sérieux des exercices théoriques qui ne représentent rien du tout! Déjà même on a pu reprocher au soldat de ne pas rester assez calme dans les manœuvres essayées avec ennemi représenté; une attention particulière a seule quelquefois empêché des collisions. Ce nouvel inconvénient ne se produirait pas si, au lieu d'opposer d'emblée l'un à l'autre des corps différents, on suivait une progression méthodique qui mettrait d'abord face à face les hommes d'une même compagnie, puis ceux d'un même bataillon, et si l'on prescrivait les exercices pratiques successivement à chaque unité tactique, depuis la plus élémentaire, au lieu d'y mener si rarement des masses dépourvues de toute préparation (1).

En outre, on peut s'attendre à ce que des difficultés proviennent, en son état actuel, du personnel chargé de l'instruction. Est-ce une raison pour s'abstenir de l'améliorer? Nos ennemis ne voient qu'un stimulant dans un obstacle de ce genre, résultat de leurs pertes énormes en officiers et sous-officiers. Pour une partie des cadres, la mission qui leur sera confiée est peut-être délicate, difficile; mais, il ne faut pas l'oublier, l'œuvre à accomplir n'est pas affaire d'un moment: l'armée nouvelle disposera de plus de ressources, que des réformes dans l'organisation permettront d'employer plus utilement; une responsabilité sérieuse et l'élimination de toute incapacité démontrée sont les conditions d'une plus grande latitude laissée à l'initiative; enfin qu'on se rappelle que bien peu de chose a été fait jusqu'à présent pour assurer ou augmenter la valeur des cadres, et que dans ce but un des meilleurs moyens est certainement, sauf pour quelques exceptions, de leur confier un rôle plus élevé.

En dernier lieu, il faut reconnaître que les exercices en terrains variés sont presque impraticables tant que la loi n'interviendra pas pour lever tout empêchement qui n'a pas un motif sérieux dans l'intérêt des propriétaires. Cette grave question est à l'étude; sous la réserve des soins que les chefs ont le devoir de prendre pour éviter les abus, et d'après l'exemple de pays où l'on n'est pas moins jaloux qu'en France du droit de propriété, il est permis d'espérer qu'elle recevra une solution plus favorable aux nécessités militaires que ne

(1) « Depuis l'école de peloton jusqu'aux évolutions de brigade, tout mouvement de combat, après avoir été appris avec soin sur la place d'armes, doit être fait sur les différents terrains où il peut en guerre trouver son application. » *Instruction tactique de l'infanterie italienne.*

l'est la législation actuelle. Il est du reste à remarquer que nous trouvons toujours bien moins d'obstacles sur les propriétés privées, de la part d'une population curieuse et sympathique, que sur celles de l'État, défendues avec un zèle inintelligent et tracassier.

Toutes ces difficultés ne nous sont pas particulières. D'autres armées les ont éprouvées et n'ont eu pour les vaincre qu'à oser les affronter. Ne pas suivre leur exemple, c'est se condamner éternellement à une infériorité qui nous a coûté si cher, conséquence d'un système général sur lequel se font tous les jours des révélations étonnantes pour qui ne l'a pas observé de près et à l'œuvre. La tâche nous serait cependant légère si chacun se rendait compte de la part de responsabilité qu'encourent « ceux qui rendent difficile ou empêchent l'exécution des dispositions nécessaires, dispositions qui exigent souvent des années, » et secondement, si, « lorsque par suite d'une instruction incomplète, des hommes ont été inutilement sacrifiés, on faisait retomber la faute sur ceux dont c'était le devoir de donner cette instruction ou de se convaincre qu'elle avait été donnée avec profit (1). » Alors on verrait bientôt s'écrouler le système ancien (2), que nous attaquons seul, en respectant des personnalités qui n'ont fait que s'y conformer. La leçon de 1870 cesserait de « profiter à tous, excepté à ceux qui l'ont reçue. » Nos divers règlements faciliteraient l'instruction pratique et individuelle et accepteraient la nécessité du mode d'action fractionné, de l'ordre ouvert ; ils nous promettraient un enseignement assuré et fructueux en s'unifiant presque entièrement, ou du moins en prenant pour bases des principes identiques, en appuyant

(1) *De la responsabilité dans la guerre.*

(2) « Combien de braves gens sont victimes de la légèreté et de l'inattention de ceux qui commandent ! » Morand ; *l'Armée selon la Charte* p. 189.

à chaque instant, surtout dans le service en campagne, l'école théorique, d'une valeur restreinte et bien déterminée, par des exercices vraiment pratiques, qui varieraient de nature et d'importance suivant l'unité à instruire.

En attendant avec confiance qu'un tel système puisse faire ses preuves, nous ne serions plus, du moins, forcés de nous avouer que la France n'a pas cessé d'être « *la dernière puissance de l'Europe occupée pendant la paix* à préparer les moyens de résistance pour les guerres à venir (1). »

(1) Gouvion Saint-Cyr ; *Mémoire sur la campagne de Catalogne.*

PUBLICATIONS

DE

LA RÉUNION DES OFFICIERS

EN VENTE

A LA LIBRAIRIE MILITAIRE DE CH. TANERA

Rue de Savoie, 6, à Paris

15, 16, 17. LES PLACES FORTES du N. E. de la France, et Essai de défense de la nouvelle frontière. Paris, Tanera . . 75 c.

18, 19. DE LA DÉTERMINATION DU CALIBRE dans les armes portatives, par J. L., cap. d'artillerie. Paris, Tanera. 50 c.

20. DES BIBLIOTHÈQUES MILITAIRES, de l'établissement d'un catalogue et de la tenue des principaux registres. Paris, Tanera. . . . . 25 c.

21, 22, 23, 24. L'ARTILLERIE AU SIÈGE DE STRASBOURG EN 1870. Notes recueillies par un officier de l'artillerie suisse. Traduit de l'allemand par P. Larzillière. Paris, Tanera. . 1 fr.

25, 26. L'ARTILLERIE DE CAMPAGNE des grandes puissances européennes et les canons rayés. Traduit de l'allemand par M. Meert, capitaine d'artillerie. Paris, Tanera. . 50 c.

27. DES CANONS ET FUSILS A VAPEUR, par J. L., capitaine d'artillerie. Paris, Tanera. . . . . 25 c.

28, 29. LA CAVALERIE DE RÉSERVE sur le champ de bataille, d'après l'italien, par Foucrière, sous-lieut. au 81e rég. de ligne. Paris, Tanera. . . . . 50 c.

30. DE LA RÉPARTITION DE L'ARMÉE SUR LE TERRITOIRE. Paris, Tanera. . . . . 25 c.

31, 32. LE TÉLÉMÈTRE NOLAN, appareil destiné à mesurer les distances, avec planche. Paris, Tanera. . . . . 50 c.

33. LA BATAILLE DE SPICHEREN envisagée au point de vue stratégique. Traduit de l'allemand par Weil. Paris, Tanera. 25 c.

34. DE L'ÉQUITATION DANS LES RÉGIMENTS DE CAVALERIE EN PRUSSE, par H. de La F. Paris, Tanera. . . . . 25 c.

35. L'ARMÉE PRUSSIENNE EN ALSACE PENDANT L'HIVER DERNIER, notes recueillies par C. Sandherr, lieutenant de chasseurs à pied. Paris, Tanera. . . . . 25 c.

36, 37. DE LA JUSTESSE DU TIR DES BOUCHES A FEU ET DES ARMES PORTATIVES, par M. J. Lefèvre, capitaine d'artillerie. Paris, Tanera. . . . . 50 c.

38. DES MÉTAUX EMPLOYÉS DANS LA FABRICATION DES CANONS ANGLAIS, par J. L., capitaine d'artillerie. Paris, Tanera. 25 c.

39, 40. INSTRUCTION THÉORIQUE ET PRATIQUE DE L'INFANTERIE, par E. Uffler, cap. au 93e rég. de ligne. Paris, Tanera. 50 c.

41, 42. L'EXPLOITATION DES CHEMINS DE FER FRANÇAIS PAR

LES ARMÉES ALLEMANDES, d'après les documents officiels allemands, par M. Martner, capitaine d'état-major, avec carte. Paris, Tanera. . . . . 50 c.

43, 44. IDÉES SUR L'ATTAQUE DES PLACES FORTES. Conférence faite à Berlin par le général-major prince de Hohenlohe-Ingelfingen, d'après l'allemand, par A. Klipffel, capitaine du génie. Paris, Tanera. . . . . 50 c.

45, 46. DE L'INSTRUCTION PRATIQUE DE LA COMPAGNIE D'INFANTERIE. Paris, Tanera. . . . . 50 c.

47, 48, 49, 50. CONSIDÉRATIONS SUR LA GUERRE DES PLACES FORTES, 1870-1871. Traduit de l'allemand par Couturier, lieutenant au 55e régiment. Paris, Tanera . . . . . . 1 fr.

51, 52. ÉTUDE SUR LES PEINES DISCIPLINAIRES EN CAMPAGNE, par G. D., officier d'état-major. Paris, Tanera. . . . 50 c.

53, 54. HISTORIQUE DES REMONTES DEPUIS LES ROMAINS, suivi d'un projet d'organisation d'une landwehr hippique, par L. L., sous-intendant militaire. Paris, Tanera. . . . 50 c.

55. LE TÉLÉMÈTRE DE CAMPAGNE DU COLONEL RUSSE STUBENDORF, avec planche. Paris, Tanera. . . . . 25 c.

56, 57, 58. ÉTUDES SUR LE SERVICE DES ÉTAPES, d'après les renseignements personnels recueillis pendant la guerre de 1870-71 par un officier de l'inspection générale bavaroise des étapes. Traduit de l'allemand par Couturier, lieutenant au 55e régiment. Paris, Tanera. . . . . 75 c.

59, 60. APERÇU DE GÉOGRAPHIE MILITAIRE SUR LE LITTORAL DE LA CONFÉDÉRATION DE L'ALLEMAGNE DU NORD, et étude des mesures de défense prises par les Allemands pendant la guerre de 1870-71 contre un débarquement de troupes françaises, par Dubois, capit. du génie. Paris, Tanera. 50 c.

61, 62. ÉTUDE ET ENSEIGNEMENT DE LA STATISTIQUE MILITAIRE, par Chanoine, chef d'escadron d'état-major. Paris, Tanera. . . . . 50 c.

63. COMPARAISON ENTRE LE CANON DE CAMPAGNE ET LA MITRAILLEUSE, par E. Klutschack. Traduit de l'allemand par de La Roque, capitaine d'artillerie. Paris, Tanera . . 25 c.

64, 65, 66. MÉMOIRE SUR LES FUSILS SE CHARGEANT PAR LA CULASSE employés dans les armées de Prusse, de France et d'Angleterre, par le capitaine Mervin Drake, instructeur de tir. Traduit de l'anglais par M. de Pina, capitaine de frégate. Paris, Tanera. . . . . 75 c.

67, 68, 69. MÉMOIRE SUR LA NÉCESSITÉ DE CRÉER DES ÉCOLES DE SOUS-OFFICIERS, par M. de Lalobbe, colonel d'état-major. Paris, Tanera. . . . . 75 c.

70. DE L'ARMEMENT DE L'ARTILLERIE DE CAMPAGNE. Traduit de l'allemand par d'Astier de La Vigerie, capitaine d'artillerie. Paris, Tanera. . . . . 25 c.

71, 72, 73. LES MANŒUVRES DE LA GARDE PRUSSIENNE EN 1872, par M. Weil. Paris, Tanera . . . . 75 c.

74. SIMPLIFICATIONS ET MODIFICATIONS AU TITRE VI DU RÈGLEMENT SUR LES MANŒUVRES DE L'INFANTERIE, par M. d'Ussel, capitaine au 27e bataillon de chasseurs. Paris, Tanera. 25 c.

75, 76. NOTES SUR L'EMPLOI DU TEMPS DES TROUPES PRUSSIENNES, suivi de quelques considérations générales sur l'armée française, par M. Dally, capitaine au 102e de ligne. Paris, Tanera . . . . 50 c.

77, 78, 79. MÉMOIRE SUR L'ORGANISATION DES BUREAUX DES ÉTATS-MAJORS ET DES SECRÉTAIRES DES ÉTATS-MAJORS, par Warnet, lieut.-colonel d'état-major. Paris, Tanera. 75 c.

80. DES MODIFICATIONS A INTRODUIRE DANS LE RÈGLEMENT SUR LES MANŒUVRES D'INFANTERIE, par M. Herbinger, capitaine au 101e régiment. Paris, Tanera. . . . . 25 c.

81, 82. LOI DU MOUVEMENT D'UN PROJECTILE DANS L'INTÉRIEUR DU CANON, par J. Lefèvre, capitaine d'artillerie. Paris, Tanera. . . . . 50 c.

83. DE L'ORGANISATION DE L'ARTILLERIE; SÉPARATION EN ARTILLERIE DE CAMPAGNE ET EN ARTILLERIE DE FORTERESSE. Traduit de l'allemand par M. Vicel, lieutenant de vaisseau. Paris, Tanera. . . . . 25 c.

84, 85. LA VÉRITÉ SUR L'UNIFICATION DES DIFFÉRENTS SERVICES DE TRANSPORT, par M. Baratier, sous-intendant militaire. Paris, Tanera. . . . . 50 c.

86. PHYSIONOMIE DU COMBAT D'INFANTERIE PENDANT LA GUERRE DE 1870-1871, par Boguslawski. Traduit de l'allemand par Couturier, lieutenant au 55e régiment. Paris, Tanera. 25 c.

87. CAUSES DE LA DÉCADENCE ET DE LA GRANDEUR DE LA PRUSSE. — Avantages de la décentralisation dans l'administration, par L. Lèques, sous-intendant militaire. Paris, Tanera. 25 c.

88, 89. LE PAS DE L'INFANTERIE, par M. Klipffel, capitaine du génie. Paris. Tanera. . . . . 50 c.

90, 91. De l'importance des transports aux armées, par M. Parizot, major au 3ᵉ régiment du train des équipages. Paris, Tanera. . . . . 50 c.

92, 93, 94. Des causes et du mécanisme des accidents occasionnés par le maniement du fusil Chassepot, par M. Treille, médecin-major au 3ᵉ spahis. Paris, Tanera. 75 c.

95. De l'armée territoriale et des corps spéciaux de cavaliers éclaireurs, par M. Weil. Paris, Tanera. . . . 25 c.

96. De quelques nouveaux composés explosibles et incendiaires. Traduit de l'italien par M. de Lort Sérignan, lieutenant au 124ᵉ régiment. Paris, Tanera. . . . . . . 25 c.

97. Des nouveaux chemins de fer de l'Alsace-Lorraine, par M. Martner, capitaine d'état-major. Paris, Tanera. 25 c.

98, 99, 100. De la défense générale de l'Italie. Extrait du rapport officiel de la commission royale italienne, par M. Meert, capitaine d'artillerie. Avec carte. Paris, Tanera. . . . . 75 c.

MÉLANGES MILITAIRES

Deuxième Série

Nᵒˢ 1. Analyse du règlement du 20 juin 1872 sur le service des étapes en Prusse, par M. Weil. Paris, Tanera. 25 c.

2. Des télégraphes et de leurs applications militaires. Analyse du cours fait à l'académie d'état-major de Saint-Pétersbourg, par le général-major Rechnevski. Paris, Tanera. . . . . 25 c.

3. Les Mess d'officiers en Angleterre, par M. de Wengi, capitaine au 17ᵉ de ligne. Paris, Tanera . . . . . . 25 c.

4, 5. Rôle et tactique de la cavalerie, par Boguslawski. Traduit de l'allemand par M. Couturier, lieutenant au 55ᵉ d'infanterie. Paris, Tanera. . . . . 50 c.

6. Les Progrès de l'artillerie russe. Analyse du rapport du général Baranzoff, par M. Weil. Paris, Tanera. 25 c.

7, 8, 9. De l'aptitude des recrues au service militaire déterminée par la mesure de la poitrine et le poids

DES HOMMES, par N. Seeland. Traduit du russe par M. Saniewski, lieutenant au 90e de ligne. Paris, Tanera. 75 c.

10. DES ÉCLAIREURS, par M. Hagron, capitaine d'état-major. Paris, Tanera. . . . . 25 c.

11, 12. LA FORTIFICATION PERMANENTE DU CAPITAINE VON PISTOR. Traduction et analyse par V. Grillon, capitaine du génie. Paris, Tanera. . . . . 50 c.

13. RÈGLEMENT DU 24 OCTOBRE 1872 RELATIF AU SERVICE DES HOPITAUX MILITAIRES EN PRUSSE. Traduit de l'allemand par le docteur Morache. Paris, Tanera. . . . . 25 c.

14, 15. STRASBOURG, SA DESCRIPTION, SES FORTIFICATIONS. SON ROLE MILITAIRE AVANT LA GUERRE DE 1870, par M. Z. Paris, Tanera. . . . . 50 c.

16. DES BIBLIOTHÈQUES ET LECTURES EN COMMUN DANS LES CASERNES POUR LES SOUS-OFFICIERS ET SOLDATS, par le colonel E. B. Paris, Tanera . . . . 25 c.

17, 18, 19, 20. DE L'INSTRUCTION MILITAIRE DANS L'ARMÉE (infanterie), par A. Dally, capitaine au 102e de ligne. Paris, Tanera . . . . 1 fr.

21, 22. LE SERVICE DE SURETÉ DANS L'ARMÉE PRUSSIENNE. Première étude. *Surveillance pendant les marches*, par H. de La F. Paris, Tanera . . . . 50 c.

23. RÉORGANISATION DU SERVICE DE SANTÉ MILITAIRE, par le docteur Judée, médecin-major au 10e d'artillerie. Paris, Tanera . . . . 25 c.

24, 25, 26. COMPTE RENDU DES MANŒUVRES D'AUTOMNE DE L'ARMÉE D'OCCUPATION EN 1872. D'après l'allemand, par M. Weil. Paris, Tanera. . . . . 75 c.

27, 28, 29, 30. QUESTIONS D'ORGANISATION SUR LA CAVALERIE, par A. Hocquet, capitaine instructeur du 7e dragons. Paris, Tanera. . . . . 1 fr.

31, 32. DE L'INSTRUCTION PRATIQUE DES ÉTATS-MAJORS. Paris, Tanera . . . . 50 c.

33, 34. LA TACTIQUE DE L'INFANTERIE, par L. de Beylié, sous-lieutenant au 41e régiment. Paris, Tanera. . . . . . 50 c.

35. SITUATION MILITAIRE DES PUISSANCES EUROPÉENNES EN 1872. Aperçu rétrospectif. Traduit de l'allemand par M. Weil. Paris, Tanera. . . . . 25 c.

36. LE SERVICE DE SURETÉ DANS L'ARMÉE PRUSSIENNE. Deuxième étude. *Les reconnaissances*, par H. de la F. Paris, Tanera. 25 c.

37, 38. OBSERVATIONS COMPARÉES SUR LES ARMÉES FRANÇAISE ET PRUSSIENNE, par C. Godard, capitaine adjudant-major au 110e de ligne. Paris, Tanera. . . . . 50 c.

39, 40. LES MITRAILLEUSES, extrait de la *Revue de l'état-major russe*. Traduit par M. Saniewski, sous-lieutenant au 90e de ligne. Paris, Tanera. . . . . 50 c.

41, 42. LE SERVICE DU GÉNIE, par un officier supérieur du génie. Paris, Tanera . . . . 50 c.

43, 44. LES VIEILLES FORTERESSES ET LE BOMBARDEMENT par les moyens actuels, extrait du journal *la Vedette*. Traduit de l'allemand par M. Weil. Paris, Tanera. 50 c.

45, 46, 47. L'INTENDANCE PRUSSIENNE COMPARÉE A L'INTENDANCE FRANÇAISE, par M. Anatole Baratier, sous-intendant militaire. Paris, Tanera. . . . . 75 c.

48, 49. LES DRAGONS RUSSES, extrait du *Militär Wochenblatt*. Traduit de l'allemand par M. Weil. Paris, Tanera. . 50 c.

50, 51. CONSIDÉRATIONS GÉNÉRALES SUR LA MANIÈRE DE DIRIGER LES TROUPES, extrait des *Taktische folgerungen* de von Boguslawski. Traduit de l'allemand par A. C., lieutenant au 55e de ligne. . . . . 50 c.

52, 53. NOTES SUR L'ORGANISATION DU SERVICE MÉDICAL EN RUSSIE EN TEMPS DE GUERRE, extrait d'un mémoire du docteur Grimm, traduit du russe par M. Saniewski, lieutenant au 90e de ligne. Paris, Tanera. . . . . 50 c.

54, 55. L'EXPÉDITION DE KHIVA, par M. d'Astier de La Vigerie, capit. d'artillerie. Avec carte. Paris, Tanera. 50 c.

56, 57, 58. EXAMEN CRITIQUE DU PROJET DE LOI SUR L'ORGANISATION DE L'ARMÉE ACTIVE présenté par le gouvernement, le 30 janvier 1873. Paris, Tanera. . . . . . . 75 c.

59, 60. NOTES SUR L'ORGANISATION DU SYSTÈME DÉFENSIF DE PARIS, par le général Tripier. Paris, Tanera. . . . 50 c.

61, 62, 63. DE LA CONSTRUCTION DES BOUCHES A FEU DE L'ARTILLERIE MODERNE, par M. C. de L. Paris, Tanera. 75 c.

64, 65. DE L'ORGANISATION DÉFENSIVE DU TERRITOIRE, par le général Cadart. Paris, Tanera. . . . . 50 c.

66, 67. Étude sur la défense des côtes. Paris, Tanera. 50 c.

68, 69. Étude sur la réorganisation du corps des vétérinaires, par L. Lèques, sous-intendant militaire. Paris, Tanera. . . . . 50 c.

70, 71. Essai sur la tactique de l'infanterie, par M. Jayet, chef de bat. au 114e rég. de ligne. Paris, Tanera. 50 c.

72, 73, 74, 75. Les Réquisitions en temps de guerre, par M. Anatole Baratier, sous-intendant militaire. Paris, Tanera. . . . . 1 fr.

76, 77, 78, 79, 80. Essais critiques sur les règlements militaires. — Service en campagne. Service dans les places. Service intérieur. Manœuvres, par M. Belle, chef de bataillon au 110e de ligne. Paris, Tanera. . . . . 1 fr. 25

81, 82. Les Défenseurs des forteresses et subsidiairement la réorganisation de l'artillerie et du génie. Tanera. 50 c.

83. Expériences sur un canon de 30 centimètres et demi (12 pouces) en acier fondu, se chargeant par la culasse, fabriqué par F. Krupp à Essen. Paris, Tanera. . . . 50 c.

84, 85, 86, 87. Essai sur la fortification future, par E. Wagner, chef de bataillon du génie. Paris, Tanera. 1 fr.

88, 89. La Guerre en Algérie. Instructions sommaires pour la conduite d'une colonne, par le général Lapasset. Paris, Tanera. . . . . 50 c.

90, 91, 92, 93. Les Volontaires d'un an, par C. Philebert, colonel du 36e de ligne. Paris, Tanera. . . . . 1 fr.

94, 95. Plan de campagne du général comte de Moltke en 1870, exposé dans une lettre écrite en 1868 par le général Ducrot. Paris, Tanera. . . . . 50 c.

96, 97, 98, 99, 100. Instruction de l'infanterie dans le service en campagne, par Borelli de Serres, capitaine adjudant major au 69e de ligne. Paris, Tanera . . . . 1 fr. 25

ENTRETIENS MILITAIRES

L'Armée prussienne, par M. Lahaussois, sous-intendant militaire. Paris, Dumaine. . . . . 60 c.

Hygiène militaire, par le docteur Jules Arnould, médecin-major de 1re classe, Paris, Dumaine. . . . . 60 c.

Des tirailleurs, de leur instruction, de leur emploi, par M. Herbinger, cap. adjudant-major au 1er prov. Paris, Dumaine . . . . 60 c.

Principes rationnels de la marche des impedimenta dans les grandes armées, par M. Anatole Baratier, sous-intendant militaire. Paris, Dumaine. . . . . 1 fr.

De l'administration militaire, par M. Lewal, colonel d'état-major. Paris, Dumaine. . . . . 1 fr.

De l'administration militaire et du fonctionnement des services administratifs.— Réponse à M. le colonel Lewal, par M. Anatole Baratier, sous-intendant militaire. Paris, Dumaine. . . . . 1 fr.

De l'aérostation militaire, par M. Delambre, capitaine du génie. . . . . 75 c.

De la photographie et de ses applications aux besoins de l'armée, par M. Dumas, capitaine d'état-major, chef du service photographique au ministère de la guerre. . 75 c.

Instruction de l'infanterie, préparation au service de guerre, par M. Percin, capitaine du génie. . . . . . 75 c.

De l'emploi militaire des chemins de fer, par M. Delambre, capitaine du génie . . . . 75 c.

De l'enseignement de la géographie, par M. Bourboulon, chef de bataillon. . . . . 75 c.

Création de manutentions roulantes pour les quartiers généraux et les divisions en campagne, par M. Baratier, sous-intendant militaire. . . . . 1 fr.

Du service des états-majors, par M. Derrécagaix, capitaine d'état-major. . . . . 75 c.

Des compagnies de partisans, formation d'une compagnie de partisans dans chaque régiment de ligne, par M. Girard. capitaine d'infanterie. . . . . 75 c.

DES SOUTIENS D'ARTILLERIE, par M. Herbinger, capitaine adjudant-major au 101e de ligne . . . . 75 c.

DU MATÉRIEL ET DE LA TACTIQUE DE L'ARTILLERIE DE CAMPAGNE, à propos des manœuvres d'automne de l'armée anglaise en 1872, par M. de Grandry, chef d'escadron d'artillerie. . . . . 50 c.

LES NOUVELLES BOUCHES A FEU DE LA MARINE FRANÇAISE, par M. Sebert, capitaine d'artillerie de marine . . . . 1 fr. 50

DE LA TACTIQUE DE COMBAT ET DE L'EMPLOI DES TIRAILLEURS, par M. Sacreste, lieutenant au 90e de ligne . . . . . 75 c.

DES SPÉCIALITÉS DANS L'INFANTERIE, par M. Issalène, capitaine au 67e de ligne. . . . . 1 fr.

ÉTUDE SUR LA CONVENTION DE GENÈVE, considérée dans ses principes et son application, par le docteur Jules Arnould, médecin-major de 1re classe. . . . . 1 fr. 50

LA COCHINCHINE FRANÇAISE, par M. Bovet, lieutenant-colonel du génie. Avec carte. . . . . 1 fr. 25

DE L'ALCOOL, considéré comme source de force, et du parti que l'on peut en tirer dans la pratique de la guerre, par le docteur Jules Arnould, médecin-major de 1re classe. 75 c.

DU RÔLE DES PLACES FRANÇAISES DE L'EST dans la dernière invasion, par M. Édouard Thiers, capitaine du génie. Avec carte. . . . . 1 fr. 50

ENCYCLOPÉDIE MILITAIRE

1. LES CANONS GÉANTS DU MOYEN AGE ET DES TEMPS MODERNES, par R. Wille, lieutenant de l'artillerie prussienne. Traduit de l'allemand par MM. R. Colard et S. Bouché, lieutenants d'artillerie. 1 volume in-8o. Paris, Tanera. 3 fr.

2. LES MITRAILLEUSES ET LEUR EMPLOI PENDANT LA GUERRE DE 1870-1871, par Hermann, comte Thürheim, capitaine bavarois. Traduit de l'allemand par E. J. Brochure in-8o. Paris, Tanera . . . . 1 fr. 25

3. MÉMOIRE sur la permanence de l'armement de défense et sur l'emploi des cuirasses métalliques dans les fortifications d'Anvers, Plymouth et Portsmouth, par le baron Berge, lieutenant-colonel d'artillerie. 1 vol. in-8o avec planches. Paris, Tanera. . . . . 3 fr.

4. ÉTUDE SUR LE RÉSEAU DE CHEMINS DE FER FRANÇAIS considéré comme moyen stratégique, par L. de Tromenec, capitaine d'artillerie. 1 volume in-8° avec carte. Paris, Tanera. . . . . 2 fr. 50

5. GUIDE pour la préparation des transports de troupes par les chemins de fer, par A. Le Pippre, chef d'escadron d'état-major. 1 vol. in-8° avec planches et carte. Paris, Tanera . . . . 6 fr.

6. SUR L'EMPLOI DU TIR DES SHRAPNELS EN CAMPAGNE, par R. von Sichart, capitaine professeur à l'école de tir d'artillerie. Traduit de l'allemand par R. Colard, capitaine d'artillerie. Brochure in-8°. . . . . 1 fr. 50

RÈGLEMENTS ÉTRANGERS

RÈGLEMENT DU 3 AOUT 1870 SUR LES EXERCICES DE L'INFANTERIE DE L'ARMÉE ROYALE DE PRUSSE. Traduit de l'allemand par J. Monlezun, lieutenant au 120e régiment d'infanterie. 1 volume in-12 avec figures et planches de musique donnant toutes les sonneries et batteries. Paris, Tanera. . . . . 4 fr.

RÈGLEMENT D'EXERCICES POUR LA CAVALERIE DE L'ARMÉE ROYALE DE PRUSSE DU 5 MAI 1855. Nouvelle édition contenant les modifications approuvées le 9 janvier 1873. Traduit de l'allemand par H. Langlois, capitaine d'artillerie. 1 volume in-12 avec planches. Paris, Didot. . . . . 3 fr.

INSTRUCTION DU 9 JUIN 1870, CONCERNANT LE SERVICE DE GARNISON DE L'ARMÉE PRUSSIENNE. Traduit de l'allemand par MM. Samion et Laplanche. Brochure in-12. Paris, Berger-Levrault. . . . . 1 fr. 25

MANUEL DU SAPEUR D'INFANTERIE. Instruction publiée par le ministère de la guerre italien. Traduit de l'italien par MM. Percin, Grillon et de Lort Sérignan. 1 volume in-12 avec cent planches. Paris, Tanera. . . . . 4 fr.

LE PIONNIER D'INFANTERIE EN CAMPAGNE. Traduit de l'allemand par M. Grillon, capitaine du génie. 1 vol. in-12 avec planches. Paris, Tanera. . . . . 1 fr.

RÈGLEMENT DE 1870 SUR LES EXERCICES, DE LA CAVALERIE AUTRICHIENNE. Traduit de l'allemand par V. Zeude, chef d'escadron de cavalerie. 1 vol. in-12. Paris, Tanera. 2 fr.

RÈGLEMENT DU 15 MAI 1872 POUR L'INSTRUCTION TACTIQUE DES TROUPES D'INFANTERIE. Trad. de l'italien par le commandant Durostu et le cap. Joly. 1 volume in-12 avec fig. 2 fr. 50

RÈGLEMENT DU 4 JUILLET 1872 POUR L'INSTRUCTION TACTIQUE DES TROUPES DE CAVALERIE. Traduit de l'italien par le commandant Durostu et le capitaine Vollot. 1 volume in-12 avec cartes. 2 fr. 50

OUVRAGES DIVERS

MANUEL DU SOLDAT. I. Service intérieur. II. Instruction sur le démontage, le remontage et l'entretien de l'arme. III. Notions sur le tir du fusil d'infanterie. IV. Transport des troupes d'infanterie en chemin de fer. V. Notions d'hygiène. VI. Service des places. VII. Service en campagne. 1 volume in-18 cartonné. Paris, Tanera . . . 50 c.

CONSEILS PRATIQUES AUX JEUNES OFFICIERS, pour la préparation du fantassin au service en campagne, par le capitaine Périzonius. Traduit de l'allemand par A. C., lieutenant au 55e de ligne. 1 vol. in-12. . . . . 1 fr.

LE DRAPEAU NATIONAL, son historique, par L. Lèques, sous-intendant militaire. Brochure in-12. . . . . . . 75 c.

NOTES SUR L'ORGANISATION DE L'ARMÉE PENDANT LA RÉVOLUTION, par M. Henri Choppin, lieutenant au 3e dragons. 1 vol. in-12. 1 fr. 25

HISTORIQUE DU SERVICE RELIGIEUX DANS LES ARMÉES, suivi d'un projet d'organisation de l'aumônerie militaire, par L. Lèques, sous-intendant militaire. Brochure in-8o. 1 fr.

ESQUISSE D'UN PROJET DE LOI SUR L'AVANCEMENT, par un officier du génie. Brochure in-8o. . . . . 2 fr.

NOTES SUR L'ORGANISATION DU SYSTÈME DÉFENSIF DE PARIS, par le général Tripier. Brochure in-8o. . . . . 1 fr.

DE L'ORGANISATION DÉFENSIVE DU TERRITOIRE, par le général Cadart. Brochure in-8o. . . . . 1 fr.

ART DE LA GUERRE, déduit de l'étude technique des campagnes (campagne de 1800), par H. Bernard, chef de bataillon au 41e régiment d'infanterie. 1 vol. in-8o. 5 fr.